Die Karibik

USA
Florida
Golf von Mexiko
Bahamas
Freeport Lucaya
Grand Bahama
Klein Abaco
Groß Abaco
New Providence
Nassau
Andros
Eleuthera
Cat Island
San Salvador (Guanahaui)
Exuma
Long Island
Crooked I.
Acklins I.
Caicos
Turks
Klein Inagua
Groß Inagua
ATLANTISCHER OZEAN
Pinar de Rio
KUBA
Trinidad
Isla de Pinos
Guantanamo
Santiago de Cuba
Große Antillen
Cayman Brac
Little Cayman
Grand Cayman
Montego Bay
Blue Mountaines ▲ (2256)
JAMAIKA
Kingston
Puerto Plata
Santiago de los Caballeros
Cap Haitien
HAITI
DOMINIKAN. REP.
Port-au-Prince
Les Cayes
Santo Domingo
Haiti (Hispaniola)
Mayaguez
Islas Mona
San Juan
Ponce
Puerto Rico
St. Thomas
Virgin Islands (Großbr./US)
Anegada
Tortola
St. Croix
Anguilla
St. Martin
St. Barthèlemy
Barbuda
Saba
St. Eustatius
St. Kitts
Basseterre
Charlestown
Nevis
St. Johns
Antigua
Montserrat
Inseln über dem Winde
Guadelupe
Pint-à-Pitre
Grandbourg
Dominica
Roseau
Mount Pelee (1350) ▲
Martinique
Fort-de-France
St. Lucia
Castries
Soufrière
St. Vincent
Kingstown
Barbados
Bridgetown
Grenadinen
St. George's
Grenada
Scarborough
Tobago
Port of Spain
Trinidad
Kleine Antillen
HONDURAS
NICARAGUA
KARIBISCHES MEER
Niederländ. Antillen
Aruba
Oranjestad
Willenstad
Curacao
Bonaire
Inseln Unter dem Winde
KOLUMBIEN
VENEZUELA

DIE KARIBIK

Text: ANNELIESE KLÜCKS

parkland

Bildnachweis: Cash/Pix 23, 57c, 91a, b — Amadeus/Ifa 93b — Aufroy/Pix 4b — Bernard/Ifa 14b, 17a, b, 18, 19b, 25a, b, 26a — Beuzen/Explorer 71a, 85a — Capelle/Pix 34a — Carde/Explorer 16a, b — Carrié/Hoa-Qui 54-55 — Chareton/Pix 63a, b, 70a, 73b, 75b, 78a, 79b — Chemin/Hoa-Qui 62b — Delagarde/Explorer 69a — Dichter-Lourié/Pix 6, 29b — Enlry/Hoa-Qui 28b, 46b, 47b, 76, 77a, 96 — Everts/Ifa 29a, 81, 82, 89a, b — Fred/Ifa 5, 22b, 26c, 27, 64b, 65b, 68, 69b, 80b, 84a, 88a, b — Free/Ifa 2, 10a — Gérard/Hoa-Qui 72b, c — Gladu/Explorer 12b, 13-32, 33, 35b — Groves/Pix 57a, b — Halary/Pix 7a, b, 10b — Huet/Hoa-Qui 48a, c, 64, 65, 78c — Ifa 88b, 92b, 93a — Labler/Ifa 4a, 15a, b — de Laubier/Pix 30b, 37a — Lerault/Pix 59b, 66-67, 79a, 80a — Mangiavacca/Pix 74 — Moisnard/Explorer 41 — Oertel/Ifa 9c, 31a, b, 36b — Pix 9a, 12a, c, 30a — Pavard/Hoa-Qui 20a, b, 21a, b, 37b, 46-47 — Plisson/Explorer 28a, 60a — Raymald/Pix 45b — Renaudeau/Hoa-Qui 48c — Revault/Pix 77b — Romana/Ifa 26b — Ruiz/Hoa-Qui 34b, 36c — Rudolph/Ifa 14a, 18a — Sarramon/Pix 3, 8, 9b, 11a, b, 35a, c, 36a, 42b, 43a, b, 44, 45a — Schmidt/Ifa 77c — Schüller/Ifa 59a — Sev/Ifa 58a, c — Trigalou/Pix 75 — Valentin/Pix 70b — Van Hoorick/Ifa gardes, 1, 22a, 24, 38, 39, 40a, 42a, 49, 50, 51a, b, 52-53, 56, 60b, 61, 71b, 72-73, 83a, b, 84b, 85b, 86, 87, 90, 94a, b, 95a, b — del Vecchio/Pix 62a — Willemin/Pix 58b, 92a.

Einband: Landschaft auf Nevis (Vorderseite). Kleine Inseln vor der Küste von Guadeloupe (Rückseite). Vorsatz: An der Küste Haitis. Seite 3: Marigot Bay auf Saint Lucia.

ISBN 3-88059-313-2

© 1988 Editions Minerva S. A., Genève
Deutsche Lizenzausgabe
Parkland Verlag Stuttgart
Übersichtskarte: Opal Verlag Kaiser, Sindelfingen
Satz: Fotosatz Weyhing GmbH, Stuttgart
Printed in Italy

Die Karibik

Palmen, Sonne, blaues Meer, weite Sandstrände, freundliche Eingeborene – das ist das Bild, das wir von der Karibik haben. Und dieses Bild stimmt! Die Karibik ist eine der wenigen Regionen auf der ganzen Welt, in der sich Phantasie und Realität entsprechen.

Nun ist allerdings die Karibik keine Einheit, sondern ein Patchwork aus verschiedensten Mustern, die zwar eine Einheit bilden, die jedoch auf den ersten Blick vom Besucher nicht erkannt werden kann.

Aber treibt den Besucher wirklich der Wunsch, eine Einheit widergespiegelt zu sehen, oder will er nicht gerade die Mannigfaltigkeit hinter den Klischees entdecken? Nun, jeder hat seine eigenen Vorstellungen, aber jeder wird auch – auf seine Art – das Paradies entdecken. Die Karibik hat ihren Zauber, der jeden gefangen nimmt, ob er nun für ein paar Tage überwintern will oder wirklich länger bleibt. Auf den ersten Blick ist sich alles sehr ähnlich, aber wenn man ein wenig an der Oberfläche kratzt, stellt man fest, daß sich die Inseln nur vordergründig ähneln.

Die Urgeschichte der Karibikbewohner liegt im Dunkeln, höchstens kann man an die hypothetischen Inseln »Antilia« alter Geographen anknüpfen, die jenseits eines legendären Atlantis liegen sollten. Wahrscheinlich war der Zustand dort dem des Paradieses sehr ähnlich – wie im Garten Eden wuchs den Menschen alles zu. Erst als am 12. Oktober 1492 ein Kanonenschuß von der »Pinta«, einem Begleitschiff der »Santa Maria« des in spanischen Diensten stehenden Admirals Christoph Kolumbus, »Land in Sicht« verkündete, begann mit dunklen Kapiteln ihre eigentliche Geschichte. Kolumbus – Seefahrer, Abenteurer und Forscher zugleich –, suchte westwärts einen Weg nach Indien, dem Land mit Gewürzen und Gold. Er glaubte sich am Ziel seiner Expedition und nannte die ihn freundlich begrüßenden, fast unbekleideten Menschen »Indianer«, wie er wenig später die ganze Inselwelt »Westindien« nannte. Der von den Eingeborenen achtlos getragene reiche Goldschmuck veranlaßte ihn, bei seiner Rückkehr von den unermeßlichen Schätzen der neuen Welt zu erzählen, und damit nahm das Unheil seinen Lauf. Fieberhaft wurden immer mehr Schiffe und Menschen in das Dorado entsandt – bereits 1493 liefen 17 Schiffe mit 1700 Menschen (Geistlichen, Adligen, Handwerkern und Bauern, Tieren, Saatgut und landwirtschaftlichen Geräten) in den neuen Ländern ein –, die mit brutalsten Mitteln die rechtmäßigen Besitzer zu schwersten Arbeiten zwangen oder sie bedenkenlos töteten. Im Namen der spanischen Krone und der katholischen Kirche – die eine wollte Gold, die andere Seelen – waren in kaum hundert Jahren die Indianer fast ausgerottet. Verzweifelt versuchten sie zu spät, sich mit ihren primitiven Pfeilen gegen Kanonen- und Büchsenkugeln zur Wehr zu setzen. Viele wählten den Scheiterhaufen, um nicht getauft zu werden und dann im Jenseits ihren Peinigern wieder begegnen zu müssen.

Der spanische Priester Bartolomé de las Casas verdammte öffentlich »den Geiz und die Goldgier«, stimmte jedoch in bester Absicht, nämlich um die Indianer zu schützen, dem verhängnisvollen Transport schwarzer Arbeitskräfte aus Afrika zu, die zu seiner Verzweiflung genau so verbraucht wurden wie die Indianer.

Inzwischen hatte sich eine Kolonialgesellschaft entwickelt, die nicht nur für die Bergwerke, sondern auch für das eingeführte Zuckerrohr immer mehr Arbeitskräfte brauchte. Die Insassen der spanischen Gefängnisse und auch die durch Schulden verpflichteten weißen »Dienstleute« reichten nicht aus. So begann die Tragödie des Jahrhunderte währenden Sklavenhandels; der Mensch wurde lediglich ein Produktionsfaktor. Obwohl jeder Fünfte bei der erbarmungslosen Überfahrt starb, wurden mehr als 10 Millionen Afrikaner eingeschleppt; der französische »Code noir« von 1685 erklärte die Sklaven als »bewegliche Güter« (meubles). Der sogenannte »Dreieckshandel« zwischen Westeuropa – Afrika – Westindien wurde ein äußerst lukratives Geschäft – Ware wurde gegen Menschen eingetauscht, Menschen gegen Ware.

Nicht allein Spanien schnitt sich von diesem Kuchen ein großes Stück ab; Portugal, Frankreich, England und Holland waren auch auf den Geschmack gekommen, ebenfalls lockten diese

Oben: Die Bucht von Chouchon, Haiti. Links: Ein junger Eingeborener pflückt Kokosnüsse.

Gewinnmöglichkeiten zwielichtige Gestalten an. Es war eine Hoch-Zeit der Gesetzlosigkeit und der Freibeuterei nach dem Terror der Konquistadoren. Am Ende spitzte sich alles auf einen Machtkampf zwischen Frankreich und England zu, der 1782 bei der größten karibischen Seeschlacht an den Saintes zugunsten Englands entschieden wurde. Mitte des 18. Jahrhunderts entstanden durch den erhöhten Weltzuckerbedarf die riesigen Plantagen, die mehr abwarfen als die Piraterie. Die verzweifelten Befreiungsversuche der Sklaven wurden mit kaum vorstellbaren drakonischen Strafen unterdrückt bis auf den Aufstand von Saint Domingue 1792, der zu der Gründung der schwarzen Republik Haiti führte. Die Macht der Zuckerbarone wuchs derart, daß nicht nur Menschenfreundlichkeit, sondern Handelspolitik Mitte des 19. Jahrhunderts zur Abschaffung der Sklaverei führten. Die Großgrundbesitzer mußten nun ihre »meubles« als freie, allerdings gering bezahlte Arbeiter einstellen. Diese Diskrepanz zwischen arm und reich ist großenteils bis heute geblieben. Vielfältig wie alles in der Karibik ist auch die politische Zugehörigkeit der einzelnen Inseln. Das scheinbar willkürliche nationale Kunterbunt ist auf den Wiener Kongreß 1814/15 zurückzuführen. Heute teilen sich England, Frankreich, die Niederlande und die USA in den Besitz der Inseln. Völlig autonom sind nur Kuba, Haiti und die Dominikanische Republik.

Die Antillen schwingen sich in einer graziös gebogenen Kette in 4500 km Länge von der venezolanischen Küste nordwärts bis Yucatan und Florida, 10°–22° nördliche Breite, 60°–6.. westliche Länge. Perlengleich liegen die Inseln auf den tiefblauen Wassern. Sie teilen sich auf in die Bahamas, die Großen und die Kleinen Antillen, letztere wieder in die Inseln über vor – dem Winde und die Inseln unter dem Winde. Diese Bezeichnung erklärt sich aus den vom Atlantik herkommenden Passatwinden, die die Vegetation der einzelnen Eilande bestimmen.

Während die Großen Antillen (Kuba, Hispaniola = Haiti und Dominikanische Republik, Jamaika und Puerto Rico) vorwiegend aus Kalk- und Sandstein bestehen, sind die zahlreichen Inseln der Kleinen Antillen ausschließlich vulkanischen Ursprungs. Den vereinzelt bis über 3000 m aufragenden Gipfeln stehen die ozeanischen Tiefen über 9000 m gegenüber; die bizarren Landschaftsformen setzen sich unter Wasser in Riffen und Unterwassergärten fort. Wasser- und Schwefeldämpfe kennzeichnen erlöschende Vulkane. Erdbeben sind häufig. Bodenschätze fehlen fast völlig bis auf Bauxit auf Jamaika, Eisenerz auf Kuba und Erdöl auf Trinidad.

Das Durchschnittsklima liegt bei 26° ± 5. Die Trockenzeit währt vom Januar bis Mai. In der Zeit von Juli bis November stürzen heftige, doch immer kurze Regengüsse herab, denen die Karibik ihre prächtigen, manchmal urwaldähnlichen Wälder verdankt. Gefürchtet sind während dieser Zeit, besonders im September, die Hurrikane. Nicht selten rast solch ein Zyklon mit einer Stundengeschwindigkeit von 200 km daher, sein Wirkungskreis kann 800 km betragen.

Dämmerung gibt es in den Tropen nicht. Um 18 Uhr wird es plötzlich stockdunkel, und morgens 6 Uhr ist es ebenso plötzlich hell.

Die Bevölkerung, deren Hautschattierung ein Kaleidoskop von elfenbein über schokoladebraun bis zu tiefschwarz aufweist, ist trotz ihrer vielen Probleme von einer gleichmäßig freundlichen Heiterkeit, die sich bei Volksfesten bis zur tollen Ausgelassenheit steigern kann; die äußerst farbenfrohe Kleidung betont diese Sinnenfreude noch. Auch in den Kirchen strahlen die Gospelgesänge die swingende Fröhlichkeit aus. Musik und Tanz liegen den Antillanern im Blut. Dazu kommt die kraftvolle Anmut der vollendeten Körperbeherrschung, die Grazie in jeder Bewegung der oft sehr schönen Körper, ein mehr oder weniger gezügeltes Temperament je nach der Situation. Die Tänze wie Limbo, Calypso, Rumba, Mambo, Conga, Guaracha, Beguine und Merengue, d..

Links: Frauen am Strand auf Jamaika.
Unten: ein kleines Boot vor Saint Lucia.
Rechts: Montego Bay, bei Ocho Rios, Jamaika.

en Beliebtheit von Insel zu Insel wechselt, erlangen Akrobatik und Kraft. Das Kuriosum der Steelbands, auf verschieden hohen Ölfässern eine faszinierende Musik zu erzeugen, egann ganz unbeabsichtigt, als man das Kriegsende mit Schlagen von Kochgeschirren nd Kanistern feierte.

Melodisch und vielfältig ist auch die Sprache. Neben den Amtssprachen englisch, französisch, spanisch und niederländisch herrscht das Kreosche mit vielfältigen Dialekten vor. Dieses entwickelte sich aus einer gewissen Lautmalerei, durch die sich früher die Herren mit ihren Sklaven verständigten, hinzu kamen afrikanische Wörter und Reste der karibischen Indianersprache, sogar ab und zu asiatische Begriffe.

Auffallend ist die Jugendlichkeit der Antillaner. Mehr als 50% sind bei dem großen Kinderreichtum unter 18 Jahren.

Wirtschaftlich haben fast alle mit großen Schwierigkeiten zu kämpfen. Der Tourismus bringt oft das meiste Geld ins Land. Vor rund 30 Jahren schlossen sich 26 Karibikstaaten in New York in der CTA (Caribbean Tourism Association) zusammen, die seit 1984 auch in Europa vertreten ist.

Mit Madame de Sévigné kann man über die Karibik sagen: »Die vier Elemente, nämlich die Winde des Passats, die Feuer des Himmels, die Wasser der Lagunen und der Sand der Strände formen auch die Lebenseinstellung der Menschen.

Die Bahamas

700 Inseln, von denen lediglich 29 bewohnt sind, und über 2000 Atolle ziehen sich, nur durch schmale Wasserstraßen voneinander getrennt, in einer Länge von 1200 km wie eine Perlenkette von Florida bis Haiti durch das »Baja mer« = flaches Meer. Die Bahamas sind seit 1973 ein unabhängiger Staat im britischen Commonwealth; da sie jedoch direkt vor der Tür der USA liegen, bestimmen der amerikanische way of life und der Dollar vor allem das touristische Leben. Nach der Entdeckung durch die Spanier interessierte die günstige maritime Lage bald die Engländer, noch mehr die Piraten, von denen zwei Frauen, Mary Read und Anne Bonny, besonders hervortraten, später die USA. Beim Waffenhandel im amerikanischen Bürgerkrieg, in den zwanziger Jahren bei den Rum-Runners des Alkoholschmuggels, heute beim Rauschgiftdealing spielen die Bahamas eine Schlüsselrolle. Zwischen den Riffen wird noch immer, manchmal sogar mit Erfolg, nach Schätzen versunkener Schiffe gesucht.

Die Bahamer – mehr als 80% der 225000 Einwohner auf ingsgesamt 13935 qkm sind Farbige – verbinden karibische lässige Freundlichkeit mit einem gewissen Puritanismus, der ihren Volksfesten allerdings kaum anzumerken ist. Junkanoo, das Fest der Frühaufsteher, wird am 26. 12. und 1. 1. ab 4 Uhr mit viel Lärm und Mummenschanz gefeiert; vom Juni bis September versammelt man sich nachts zu den improvisierten Tänzen des Goombay um ein Feuer.

Auf New Providence lebten bis ins 18. Jahrhundert berüchtigte Piraten wie Edward Teach, genannt »Schwarzbart«, Benjamin Hornigold und der ehemalige Major Stede Bonnet; das »wrecking« = Setzen falscher Leuchtfeuer war üblich, bis 1718 ein ehemaliger Kollege, Woodes Rogers, als königlicher Gouverneur diesem Treiben ein Ende machte. Durch erfolgreiche Abwehr eines spanischen Überfalles sicherte er die englische Herrschaft. Die alten Forts, zumal das wuchtige Fort Charlotte, künden von dieser Zeit. Vom Wasserturm des Forts Fincastle bietet sich ein herrlicher Überblick.

Heute wohnen auf New Providence 136000 Menschen, davon 105000 in der 1660 von den Engländern gegründeten Landeshauptstadt Nassau. Kleine Kaleschen, die surreys, fahren durch die enge Altstadt mit dem kolonialen Flair der bonbonbunten Häuser mit hölzernen Arkaden, durch die Flanierstraße der Bay Street zum Rawson Square am Meer. Freundli

**Nassau, Bahamas: Verkehrsschilder.
Rechts und unten: zwei Ansichten der Stadt.**

che, blütenweiß gekleidete Polizisten regeln den Verkehr. Vor dem verspielten Gouverneurspalast, in dem auch einmal der Herzog von Windsor residierte, steht eine Kolumbusstatue, vor dem Parlament erhebt sich eine marmorne junge Königin Victoria. Unbeschreiblich farbig ist der Strohmarkt in einem riesigen Innenhof, wo unter den Souvenirs Strohhüte und -taschen mit gestickten Blumen dominieren. Eine elegant geschwungene Brücke verbindet Nassau mit Paradise Island. Hier bieten nostalgische Grandhotels, perfekte Nobelherbergen, ein feudales Kasino und aufwendige Villen jeden Komfort. Die Versailler Gärten umrahmen ein Kloster aus dem 14. Jahrhundert, das der Millionär Huntington Hartford in Frankreich abbrechen und Stein auf Stein wieder aufbauen ließ. Im Ardastra Garden erfreuen dressierte Flamingos das Auge. Neben dieser Pracht verschwinden die kleinen Kirchen und die oft

armseligen Behausungen der Einheimischen.

Guanahani hieß das von friedlichen Arawaks besiedelte Eiland, dem Kolumbus am 12. 10. 1492, erlöst von der strapaziösen Fahrt nach »Indien«, den Namen San Salvador gab. Innerhalb kürzester Zeit waren die Indianer ausgerottet, von Seuchen dahingerafft oder als Sklaven verkauft.

Die rosa Sandstrände und die Seen im Innern der Insel, von denen der Great Lake 15 km lang ist, ein New World Museum und nicht weniger als drei Kolumbus-Monumente sind touristische Attraktionen. Freeport-Lucaya auf Grand Bahama hat sich seit 1955 zu einer Touristenkolonie entwickelt. Nachbildungen der luxuriösen Geschäfte der Pariser Rue Rivoli, ein Spielkasino in einer Moschee und ähnliche Überraschungen zeigen sich im Internationalen Bazar; Original Londoner Doppeldeckerbusse fahren durch die Straßen.

Der Rest der Insel ist wenig vom Tourismus berührt. In Mac Lean's Town gehen die Frauen gemeinsam mit den Männern auf Fischfang. Zwischen den zackigen Treasure Reefs wurde 1964 ein spanischer Schatz aus dem 17. Jahrhundert im Werte von 1,2 Millionen gehoben; bemerkenswert ist auch der Zoo Hole mit einem riesigen Tropenfischbestand. Der berüchtigte amerikanische Gangsterboss Al Capone bevorzugte die Insel Grand Bahama als Zentrale seiner »finanziellen« Aktivitäten; noch bis 1990 genießt man hier völlige Steuerfreiheit.

Der Name Bimini ist so bezaubernd wie das Eiland selbst und seine Stadt Alice Town. Hier

Nassau. Der Regierungspalast. Gegenüber: das New Providence Centre.
Unten: zwei Straßenszenen.

suchte bereits der spanische Konquistador Ponce de Leon den Brunnen der Ewigen Jugend, den ihm indianische Sagen dort verhießen; Hemingway ließ sich bei der Jagd auf Merline zu »Der alte Mann und das Meer« inspirieren, und in dem mysteriösen Unterwasserbauwerk »Mauer der Atlanten« vermutet man Reste des legendären Atlantis oder ein Werk der »Außerirdischen«.

Nach Eleuthera kamen 1648 puritanische Flüchtlinge von den Bermudas, danach englische Emigranten und Südstaatler. Hier gibt es neben der besten Ananas den vorzüglichen Pineapple Rum. Spanish Wells wirkt wie ein Märchendorf. Interessant ist das Boiling Hole, das bei Gezeitenwechsel zischt und brodelt.

Auf der größten, doch wenig erschlossenen Insel der Bahamas, Andros, tummeln sich in den Seen Leguane; große ungiftige Schlangen kriechen durch das sumpfige Gelände. Im Red Bay Village leben noch einige von der Zivilisation unberührte Seminolen-Indianer. Das starke Blau des 60 m tiefen Blue Hole im 193 km langen Barrier Riff kontrastiert reizvoll mit dem Blaugrün des Meeres; der 2000 m tiefe Graben der Tongue of the Ocean ist ein Dorado für Meeresbiologen.

Von den vielen Out-Islands oder Family Islands (zur Familie der Bahamas gehörig) sind die am weitesten im Süden liegenden Inagua Islands mit der größten Flamingokolonie der Erde, mit wilden Rindern und Pferden auf weiten Prärien erwähnenswert, aber auch das Vogelschutzgebiet in Salt Lake City auf den Exumas. In Deadman's Cay zeigen Kalksteingrotten auf Long Island Lucaya-Relikte. Zwei

runde Glockentürme, die halb einem Leuchtturm, halb einem Minarett gleichen, flankieren die kleine Kirche des reizenden Dorfes Charlotte Town. Cat Island besitzt mit dem Moun Alvernia (63 m hoch) die höchste Erhebung de Bahamas. Von den hunderten kleinen Inseln der Abaco-Gruppe sind manche käuflich zu erwerben. Der aus zahlreichen Reiseprospekten bekannte dekorative rot-weiße Leuchtturm steht in Hope Town Harbour.

In den Dickichten der Cays, die meist zu Gruppe der Jumentos Inseln oder den French Cays gehören, sind sehr reale Giftspinnen zu Hause, aber nach Ansicht der Bahamer spuken dort noch die Chickcharnies (Waldgeister) und die Lusca (gefährliche Drachen).

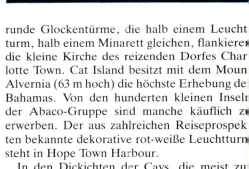

Auf den Bahamas. Links: Badestrand und Küste. Oben und rechts: eine kleine Insel in de Nähe von Bimini; der Garten eines Hotels in diesem Badeort.

Turks and Caicos

Nach einer scharlachroten Kakteenblüte, die einem türkischen Fes gleicht, und wahrscheinlich dem spanischen Wort cayos = kleine Insel haben die nur rund 50 km südlich der Bahamas gelegenen Inseln und Inselchen ihren Namen erhalten. Zu den Bahamas gehörten sie politisch auch bis 1848, kamen dann an Jamaika und sind nach dessen Unabhängigkeit seit 1962 britische Kronkolonie; 1973 erhielten sie einen eigenen Gouverneur.

Der Union Jack prägt das Leben auf den wenigen bewohnten Inseln – insgesamt wohnen 8000 Einwohner, vorwiegend Schwarze und Mulatten, auf insgesamt 430 qkm. Die alten Herrenhäuser aus der Kolonialzeit wirken sehr britisch, und die karibische Fröhlichkeit ergibt mit englischer Zurückhaltung eine angenehme Mischung.

Der internationale Großtourismus hat noch nicht fest Fuß gefaßt, trotz verhältnismäßig günstiger Preise und eines gleichmäßig sonnig-trockenen Klimas. Es fällt wenig Regen, und nachts gehen die Temperaturen ca. 5° zurück. Individualisten kommen hier auf ihre Rechnung: 400 km feinster Strand, 400 Hotelbetten – theoretisch käme auf jeden Gast ein ganzer Kilometer eigener Strand. Acht kleine Flughäfen vermitteln das »Island Hopping« per Lufttaxi zu den einzelnen Inseln, die durch tiefe Rinnen voneinander getrennt sind. Entdeckt wurden sie wahrscheinlich schon 1492 von Kolumbus. Seeräubern boten sie günstige Versteckmöglichkeiten; von den ersten Siedlern hörte man erst 1678. Danach wechselten sich spanische, französische und englische Invasoren ab, die hauptsächlich die gewinnbringenden Salzseen durch ihre Sklaven ausbeuten ließen. Alte Salzgruben und Windmühlen auf Salt Cay sind Überbleibsel dieser Zeit. Die heutigen Einnahmequellen kommen aus dem Fischfang und dem Export von Krustentieren, vorwiegend von Hummern.

Die Vegetation ist auf den aus Kalkstein und Korallenriffen bestehenden Eilanden recht kärglich, lediglich auf North Caicos wachsen Limonen und Papayas.

Cockburn Town auf Grand Turk ist die Hauptstadt. Gebäude aus der Kolonialzeit und einige Reste indianischer Kultur stehen gelassen neben hochmodernen Einrichtungen wie Airport, Telefon- und Telex-Service. Der wunderbare Governor Beach zieht sich an der Südspitze entlang. Den besten ausgebauten Hafen Cockburn Harbour auf South Caicos bevorzugen Yachten und Sportfischer, außerdem sind die außergewöhnlich bizarren Korallenriffe dieser nur mit 1300 Einwohnern besiedelten Insel zu bewundern. Ebenso geologisch interessant sind die Kalk- und Tropfsteinhöhlen auf Grand Caicos, das mit 400 Einwohnern sehr spärlich bewohnt ist.

Providenciales gilt als das Touristenzentrum mit komfortablen Hotels und lebhaft sportlichem Strandleben, nachts gibt es absolut keine Aktivitäten. Textilfrei gebadet wird ganz offiziell am nördlichen Strand von Salt Cay. Ein selten schöner Unterwasser-Nationalpark liegt bei Pine Cay.

Inselfeste werden ausgiebig gefeiert: Im Mai findet am letzten Wochenende, von South Caicos ausgehend, eine bekannte Segelregatta statt, Ende August/Anfang September herrscht der obligate »Carnival«, am 11. 6. wird festlich »Queen's Birthday« und am 7. 8. der Emancipation Day begangen.

Auf den Caicos- und Turks-Inseln. Die felsige Küste. Rosafarbene Flamingos. Cove Point Rechts: Schwimmen im glasklaren Wasser über einem Korallenriff.

Kuba

Wie eine schlanke Eidechse liegt die grüne »Rote Insel« zwischen Atlantik und Karibischer See. Die größte Insel der Antillen ist eine Sozialistische Republik geworden, die keine existentielle Not mehr kennt und wo es keine Analphabeten gibt! Auf 114 524 qkm leben rund 10 Millionen Einwohner, auf einen qkm kommen 87 Menschen (70% Weiße, meist spanischer Abstammung, 17% Mulatten und Mestizen, 12% Schwarze, 1% Asiaten), und immer mehr Land wird urbar gemacht unter manchmal schwierigen Bedingungen.

Seitdem der Rechtsanwalt Dr. Fidel Castro nach mehrjährigem verbissenen Kampf den Diktator Batista verjagte und die Herrschaft übernahm, unterscheidet sich das Leben auf Kuba grundlegend von dem auf anderen karibischen Inseln. Anstelle ausländischer Reklameschilder – vor der Revolution gehörten 75% des bebauten Landes und 40% der Zuckerindustrie Amerikanern – fordern sozialistische Parolen zu noch mehr Leistung und Wachsamkeit auf und künden gleichzeitig vom Stolz auf das Geschaffene. Obwohl noch immer die Wirtschaftsblockade der USA anhält, eskaliert der Export, zumal die UdSSR den Zuckerpreis hoch subventioniert und dafür billiges Erdöl liefert. Das Charisma des bärtigen Castro ist so eindringlich, daß die Kubaner keine andere Regierungsform für besser halten.

Trotzdem oder vielleicht weil nicht mehr die Superreichen das Sagen haben, pulsiert das

Leben nicht weniger karibisch. Der Karneval, der wie Weihnachten der Zuckerernte, de »zafra«, wegen in die Sommermonate verleg wurde, ist voll ausgelassener Fröhlichkeit. De Rumba, entstanden aus spanischer und afrika nischer Folklore, und der Nationaltrank Cub libre tun dazu das ihrige.

In Havanna, der 1,2 Millionen Einwohne zählenden Hauptstadt, findet der Höhepunk auf der breiten Küstenstraße des Malecón statt der hin und wieder von Gischt übersprüht wird Der Prado, Paseo José Martí, führt von do direkt in das Herz von La Habana Vieja. E wurde 1515 gegründet und ist seit 1552 Haupt stadt. Der natürliche Hafen wird von den Fort El Morro mit seinem Leuchtturm und La Caba na bewacht. Die Altstadt ist schachbrettarti angelegt mit engen Gassen und weiten Plätzer Der Kathedralenplatz bildet eine einmalige Ge schlossenheit durch die Arkadengänge, die z dem barocken Gotteshaus mit den zwei Ecktü men führen. Dicht dabei erhebt sich das schö gegliederte Revolutionsmuseum, das ehemal ge Präsidentenpalais; davor steht ein Denkma des Freiheitskämpfers Máximo Gómez. Ei weiterer Prachtbau ist die Akademie der Wis senschaften, das frühere Capitol. Das welt

Havanna. Links: die neue Stadt (unten) und da Kapitol (unten). Oben und rechts: zwei Ansich ten des Platzes vor der Kathedrale.

bekannte klassische Nationalballett tanzt im Theater Federico García Lorca, einem Gebäude im überladenen Stil des 19. Jahrhunderts. Eine breite Freitreppe führt zur Universität über der Altstadt. Vielstöckige Häuser neben alten Villen und große Hotels finden sich im Stadtteil Vedado, wo mit Theatern, Kinos, Klubs und Restaurants das kulturelle Herz der Stadt schlägt. Der belebte Strand von Havanna zieht sich in Miramar hin.

Sehr verkehrsreich ist Marianao mit viel Industrie, aber auch der sagenhafte Freiluft-Nachtklub Tropicana liegt hier in einem tropischen Park. Andere anspruchsvolle Nachtklubs und Hotels befinden sich in dem sehr schönen Freizeitzentrum des Leninparkes. Eines der vielen Museen ist die unverändert gelassene Finca la Vigía, in der Hemingway jahrelang wohnte. Das enorme Aufmarschgelände des Platzes der Revolution wird vom Monument des Nationalhelden Martí beherrscht.

Santiago de Cuba, 1514 gegründet, von 1523 bis 1552 Hauptstadt, heute 370000 Einwohner, trägt den Ehrentitel: Wiege der Revolution. 1812 fand hier der große Sklavenaufstand statt, 1868 organisierte der Großgrundbesitzer Céspedes den Unabhängigkeitskrieg gegen Spanien, 1898 wurde in seiner Bucht die spanische Atlantikflotte von den Amerikanern zerstört,

und von hier aus begann der Widerstandskam[pf] Castros gegen Batista. Das Grabmal Martís, d[as] Wohnhaus von Frank Pais, das Geburtshaus d[es] Generals Marceo sind so wichtige Sehenswü[r]digkeiten wie die Moncada-Kaserne, an de[r] 1953 der erste Putsch der Brüder Castro sche[i]terte. In der hiesigen Kathedrale liegt Diego [de] Velásquez begraben. Wiederum überragt d[as] Fort El Morro die Bucht. Die Stadt liegt a[m] Hange der Sierra Maestra, wo sich das versteck[ak]te Hauptquartier Castros befand. Santiago i[st] außerdem die lebensfroheste Stadt auf Kuba.

Die älteste Stadt ist Trinidad, das seit 19[??] unter Denkmalschutz steht. Die Prunkfassa[den] ehemaliger Herrenhäuser, Paläste und Kirche[n] wirken kulissenhaft, oft steht dahinter der Ve[r]fall. Am 140 km langen Strand des Touriste[n]zentrums Varadero bieten Sonne und Wass[er] alles, was man sich wünscht.

Links: Plaza Cespedes und Casa de Dieg[o] Velasquez in Santiago de Cuba.
Oben und rechts: der Valle-Palast und d[er] Fischereihafen in Cienfuegos.

Ebenfalls beliebt ist das Lagunendorf Guamá. Hier an der Schweinebucht wurde 1961 die Invasion von Exilkubanern abgeschlagen; eine kleine Insel darin trägt den Namen Ernst Thälmann.

Die Isla de Pinos ist direkt der Regierung unterstellt als »Insel der Jugend«. Die Schüler der 33 Sekundärschulen arbeiten halbtags in den Zitrusplantagen. In dem düsteren Gefängnis, heute ein Museum, saßen zeitweise Martí und die Brüder Castro ein. Bei Bauarbeiten fand man 1979 auf der Insel einen beträchtlichen Piratenschatz. Auf den vorgelagerten Inselchen nisten Pelikane, und leuchtend bunte Fische umspielen die Korallenriffe.

Pinar del Rio ist die reizvollste Landschaft Kubas und zugleich das wichtigste Tabakanbaugebiet. In Vuelto Abajo wächst der beste Tabak der Welt. Hier ist die Heimat der Zigarren mit den magischen Namen wie Davidoff, Monte Christo, Corona, Romeo y Julieta. Die Herstellung erfolgt nach Spezialrezepten mit der Hand.

Während dieser Arbeit werden traditionsgemäß durch einen hauptberuflichen Vorleser Zeitungsartikel und Geschichten vorgelesen.

Auf der südlichsten Inselspitze pachteten die USA 1903 bei Guantánamo einen Marinestützpunkt, den Castro bis heute vergeblich zurückforderte.

**Kuba. Oben: Strohgedecktes Haus im Inneren der Insel. Rechts oben: das Vinales-Tal.
Unten: Malerische Straße in der kleinen Stadt Trinidad.**

Die Cayman Islands

»Diejenigen, die uns kennen, lieben uns – u? kommen immer wieder«, sagt man auf de? Inseltrio von Grand Cayman, Cayman Brac un? Little Cayman der britischen Kronkolonie zw? schen Jamaika und Kuba. Hier sind – vorläufig? die Touristen noch zu zählen, erst seit de? fünfziger Jahren wurde es ein Geheimtip. I? zwischen hat es sich bei Eingeweihten a? Steueroase herumgesprochen. 16 900 der insg? samt 18 750 Einwohner leben auf der größte? Insel Grand Cayman mit der Hauptstadt Geo? getown, 1800 auf Cayman Brac und nur 75! a? Little Cayman, obwohl sich hier einer d? schönsten Strände der Karibik befindet. D? Bevölkerung – 80 % Schwarze und Mulatte? 20 % Weiße – lebt hauptsächlich von Fischfa?? und einer Spezialität, nämlich der Aufzucht vo? Meeresschildkröten in der Brutanstalt v? Turtleland.

Kolumbus kam auf seinen Fahrten 1508 hi? vorbei, sah die riesigen Mengen Schildkröte? und taufte die Eilande Las Tortugas. Spät? hielt Francis Drake bei seinen Raubzügen d?

20

Auf den Cayman-Inseln. Oben: eine Meeresschildkrötenzucht; ein kleines Touristenboot an einem verlassenen Strand. Unten: zwei der auf den Caymans sehr verbreiteten Leguane.

Echsen für Krokodile und taufte sie in caymanas auf antillanisch, caymans auf englisch um. Erst im 17. Jahrhundert siedelten sich Schiffbrüchige und wahrscheinlich Deserteure der britischen Armee auf Grand Cayman an, die beiden anderen Inseln werden erst seit 1833 bewohnt. Bereits 1670 gingen die Caymans in britischen Besitz über, was sie mit Stolz vermerken. Zwischendurch hielten sich, wie überall in der Karibik, Piraten auf den flachen Inseln auf, versenkten Schiffe und vergruben Schätze, die man heute noch zu finden hofft. Zur Erinnerung an diese Zeit wird im Juni neben »Queen's Birthday« eine »Pirat Week« gefeiert.

Die vorwiegend protestantische Bevölkerung spricht neben der englischen Amtssprache ein kurioses Gemisch aus amerikanischen, schottischen, irischen und walisischen Dialekten, vermischt mit ein wenig afrikanisch, das manchen Sprachforscher in Erstaunen versetzt.

Die Landfläche von 259 qkm ist überwiegend ein verkarstetes Kalkplateau; es gibt weder Flüsse noch nennenswerte Erhöhungen, aber trotzdem entzücken stellenweise herrliche Königspalmen und Pinien, wilde Orchideen und

seltene bunte Vögel. Die Unterwasserwelt ist dafür um so farbiger und vielfältiger.

In der Hauptstadt Georgetown sieht man weder Armut noch Slums. Sehenswert sind in den auffallend reinlichen Straßen einige Regierungsgebäude und das Kiemanus-Museum mit Meeresflora und -fauna. Gegenstände aus gestrandeten Schiffen können im ältesten Bauwerk der Inseln, dem Pedro Castle, besichtigt werden. An den Korallenriffen der Küste bei Blow Holes entsteht durch die anprallenden Wellen ein geysirähnlicher Effekt. Besonders große, schöne Muscheln – alle Strände sind sehr muschelreich – sind beim Dörfchen Botabano zu finden, und natürlich sind kunstvolle und Gebrauchsgegenstände aus Schildpatt typisch für diese Inseln.

Jamaika

»Xamaica« sagten die Arawaks zu dem »Land voll Holz und Wasser«. Immergrüne Wälder und zahlreiche Wasserläufe zeichnen die Insel jetzt noch aus, obwohl fast zwei Drittel aus verkarstetem Kalkplateau bestehen. Die sorgfältig angelegten Botanischen Gärten Castleton Gardens bei Kingston und Upton Club bei Ocho Rios quellen über von üppiger Vegetation, von Orchideen, Lilien und Oleander. Der reizvolle Gegensatz zwischen den zum Teil unzugänglichen, bis zu 2256 m hohen Blue Mountains, auf deren Peak es sogar Frost geben kann, und den herrlichen Sandstränden bietet sich häufig als Filmkulisse an.

1494 landete Kolumbus in der Discovery Bay; später folgte dann das in Westindien übliche Gerangel um den Besitz zwischen Spanien und England; ab 1670 wurde es englisch, doch die Briten hatten noch etwa hundert Jahre mit den »Maroons«, von den Spaniern freigelassenen Sklaven, einen Guerillakrieg auszufechten – als Splittergruppe führen diese bis heute ein zurückgezogenes Dasein. 1962 wurde der Inselstaat unabhängig im Commonwealth. Von den 2,2 Millionen Einwohnern, die auf 11424 qkm wohnen, sind 90% Schwarze, 8% Mulatten, 1% Asiaten, sehr wenige Weiße.

Jamaika destilliert einen schweren Rum, den »Teufelstöter«, von dem man sagt: »Gott ließ den Menschen sich aufrichten, der Rum sorgt dafür, daß er wieder umfällt.« Auch die Royal Jamaica Zigarren sind nicht leicht. Ansonsten ist es der größte Lieferant der Erde für Nelkenpfeffer, Exporteur für Zucker, Bananen und außerdem Bauxit.

Aus den mehr als 110 Religionsgemeinschaften auf der Insel kristallisierte sich eine heraus und wurde zu einer Weltanschauung: die der Rastafaris. Marcus Garvey gründete 1914 die Universal Negro Improvement Association, eine Bewegung des schwarzen Nationalismus – »zurück zu den Wurzeln«, das heißt, heim nach Afrika.

Ras Tafari, der als Haile Selassi den äthiopischen Thron bestieg und als direkter Abkomme Salomos gilt, wurde für sie zur Inkarnation Gottes. Der Tag seines Besuches am 21. 4. 1966 wird als Feiertag begangen. Die Bewegung findet die meisten Anhänger in den Slums (die Armut ist groß auf Jamaika, und 25% der Arbeitsfähigen sind ohne Beschäftigung). Die Rastas haben eine eigene Sprache, ihr Haar ist lang und verfilzt, eine rot-gold-grüne Wollmütze kennzeichnet sie. Sie genießen weder Fleisch noch Salz noch Alkohol noch Kuhmilch, halten aber sehr viel von »Ganja«, dem Kraut der Weisheit, Marihuana. Ihr orthodoxes Zentrum ist ein Hüttendorf bei Bull Bay, und ihr Idol ist der 1981 verstorbene Reggae-Sänger Bob Marley, wie Harry Belafonte und Johnny Nash Jamaikaner. Sein Mausoleum in seinem Geburtsort Nine Mile wurde zur Wallfahrtsstätte. Der Reggae ist ein Potpourri karibischer Elemente wie Jazz, Blues und Calypso und versteh

**Jamaika. Oben: Ansicht des Hafens von Port Antonio.
Unten: Montego Bay. Rechts: White River.**

sich als soziale und kulturelle Botschaft der Rastas, für die alles außerhalb ihres Kreises »Babylon« ist. Das Reggae Sunsplash ist ihr größtes, eine Woche andauerndes Fest.

1865 löste Kingston das 1534 gegründete Spanish Town, das heute nur nostalgische Bedeutung hat, als Hauptstadt ab. 600000 Einwohner zählt die laute, zwiegesichtige Stadt; ein Ring von Slums umgibt sie, doch am Strande ziehen sich Luxushotels entlang. Craft's Market in der Innenstadt bietet Kunsthandwerk aus Leder, Batik und Mahagoni an; Ziegen, kleine Schweine und herrenlose Hunde laufen überall durch die Straßen. Das Institute of Jamaica enthält ein Museum und eine großartige Bibliothek.

Eigenartig sind die Synagoge und die aus dem 16. und 17. Jahrhundert stammenden Grabsteine geflüchteter jüdischer Spaniolen. In dem kahlen National Heroes Park ruhen neben Marcus Garvey die zwei Volksführer Alexander Bustamante und Norman Manley. Schön wird die Stadt am Naturhafen und der Landzunge Las Palisadoes, die nach Port Royal führt, dem Hafen des Walisers Henry Morgan, der nach einer Piratenkarriere englischer Admiral und Gouverneur der Insel wurde.

Das Touristenparadies ist Montego Bay (55000 Einwohner), mit märchenhaftem tiefblauen Wasser an den langen Sandstränden, von denen Doctor's Cave Beach der berühmteste ist. Durch Glasbodenboote kann man die Korallengärten bewundern, oder man kann auf Alligatorenjagd gehen, oder man besucht das »Great House« der »weißen Hexe« und Gattenmörderin Annie Palmer. Die Governor's Coach Tour im ehemaligen Salonwagen des Gouverneurs führt unter Calypsoklängen zu vielen Sehenswürdigkeiten.

Noch schöner ist das aus einem stillen Fischerdorf zum modernen Badeort gewordene Ocho Rios mit 5000 Einwohnern. Alte Häuser und alte Hotels machen es sehr liebenswert. In der Nähe fallen die Wasser von Dunn's River über 185 m hohe Kaskaden, die stufenweise begehbar sind, ein einmaliges, erfrischendes

Jamaika. Eine zum Besitz der Familie Thyssen gehörende kleine Insel in der Nähe von San Antonio. Rechts: Wasserfälle im Inneren der Insel (oben) sowie ein Blick auf den Rio Grande.

Vergnügen. Die anschließenden Strände von Runaway und St. Ann's Bay sind besonders schön. Etwas oberhalb der immer neue Ausblicke bietenden Küstenstraße liegt der exklusive Luftkurort Mandeville, in dessen waldreicher Umgebung der Doktorvogel, ein Kolibri in allen Regenbogenfarben, zu Hause ist – er ist nur auf Jamaika zu finden.

Eine von Bambus eingerahmte und überdeckte Allee, die Bamboo-Avenue, führt nach Kingston.

Abenteuerlich ist eine Fahrt auf einem Bambusfloß über die Stromschnellen des Rio Grande bei Port Antonio.

Um die Mitte des 19. Jahrhunderts ließen sich von englischen Grundbesitzern angeworbene 500 Handwerker aus Norddeutschland in Seaford Town, etwa 40 km von der Küste entfernt, nieder. Außer den deutschen Namen, der hellen Haut und den blonden Haaren ist nichts von ihrer Sprache und von ihren heimischen Traditionen geblieben, allerdings ist die in den Tropen sonst seltene penible Reinlichkeit ihrer Behausungen auffallend.

Die vielfältige Schönheit und das angenehme Klima Jamaikas zogen viele Künstler an; die Autoren Noel Coward und Jan Fleming, der geistige Vater des berühmten Geheimagenten James Bond (007), hatten hier ihre Domizile, ebenso der inzwischen verstorbene amerikanische Filmstar Errol Flynn, dessen verfallenes Haus auf Navy Island steht.

**Jamaika. Oben: Seemann auf einem Bambusfloß (links); ein glückliches junges Mädchen (rechts); moderne, doch im Kolonialstil gehaltene Villa (unten).
Rechts: bescheidene Häuser auf einem der Hügel von Montego Bay.**

Die von allen Besuchern der Inseln besonders geschätzten Märkte mit dem reichen Angebot an Früchten und Gemüsen. Auf dieser Seite, ein Markt auf Saint-Martin; rechts: Märkte auf Guadeloupe (französische Antillen) und in Nassau/Bahamas (unten).

Haiti

»Das Schönste, das menschliche Augen je sa[hen]«, rief Kolumbus aus, als er am 5. Dezembe[r] 1492 die große Insel betrat. Er gab ihr de[n] Namen Hispaniola = Kleinspanien; die India[ner] hatten sie »Quisqueya« = Mutter der Erd[e] genannt, die Arawaks später »Aiti« = Land de[r] hohen Berge.

Bald zog die Gier nach Gold die Spanier in[s] Land, die Eingeborenen wurden ausgerotte[t] und bereits 1517 die ersten Negersklaven im[portiert]. Der Besitz wechselte zwischen Pira[ten], Engländern und Franzosen, bis Hispaniol[a] unter französischer Herrschaft zu einer überau[s] reichen Kolonie wurde.

Haiti. Links: der Strand von Jacmel (oben) un[d] die berühmten Wasserfälle von Saut d'Eau (un[ten]). Rechts: Häuser auf dem Land. Unte[n] Bananenplantage. Auf den folgenden Seite[n] die Ile de la Tortue (Schildkröteninsel).

1697 erfolgte die Aufteilung der Insel: Spanien übernahm den östlichen, Frankreich den kleineren westlichen Teil. Unter dem Anführer Toussaint Louverture gründeten die Sklaven bereits 1793 die älteste schwarze Republik, die auch Napoleons Rekolonisierungsversuchen widerstand. 1804 wurde unter dem Negerführer Dessalines die Unabhängigkeit verkündet; ein Blutbad unter den Weißen folgte. Die politischen Zustände waren bis ins 20. Jahrhundert anarchisch. 1915 bis 1934 besetzten die USA Haiti und hielten es weiterhin unter Kontrolle, bis 1957 mit ihrem Einverständnis der Landarzt François Duvalier die Regierung übernahm. »Papa Doc« erklärte sich zum Präsidenten auf Lebenszeit und übte mit der gefürchteten Miliz der »Tontons Macoutes« eine unumschränkte Diktatur aus. Nach seinem Tode 1971 folgte sein Sohn Jean-Claude, »Baby Doc«, ebenfalls auf Lebenszeit; seine Verschwendungssucht führte endlich 1986 zu seinem Sturz und seiner Flucht.

Heute ist die »Perle der Antillen« mit 5,5 Millionen Einwohnern, von denen 77% Analphabeten sind, auf 27 750 qkm einer der ärmsten Staaten der Welt. 95% sind schwarz, der Rest sind Mulatten und sehr wenige Weiße. Armut, Hungersnöte, erschöpfter Boden und veraltete Arbeitsmethoden – zerknüllt von Gottes Hand, sagen die Haitaner – machen Entwicklungshilfe dringend notwendig.

Die Bevölkerung ist liebenswert und liebenswürdig, intelligent und tolerant geblieben. Man spricht neben französisch ein kreolisches Patois mit afrikanischem Beiklang. Manche haben das »Glück«, als Leiharbeiter bei der Zuckerrohrernte in der durchaus nicht geliebten benachbarten Dominikanischen Republik etwas zu verdienen.

Zu der Lebensfreude der Haitaner tritt eine tiefe Gläubigkeit. Sie setzt sich zusammen aus Katholizismus und Heidentum, dem geheimnisvollen Voodoo-Kult, der mit den Sklaven aus Afrika kam. Voodoo = Gott folgte seinen unglücklichen Kindern und steht ihnen in jedem Unglück bei. Die Riten sind christlichen, indischen, islamischen, afrikanischen und freimaurerischen Ursprungs; die Götter werden den

katholischen Heiligen gleichgesetzt, Maria u[nd] der Schlangengott Damballah werden gleichze[i]tig angerufen. Nur wenige Schautänze sind f[ür] Touristen zugänglich, sonst hüllt sich der Kult [in] verschwiegenes Dunkel.

Phantasie und Träume drücken sich auf Ha[iti] noch auf andere Art aus, und zwar durch d[ie] farblich sehr intensive, poetische, naive Mal[e]rei. Diese spontane Kunst ist inzwischen in d[er] ganzen Welt geschätzt. Von einem ihrer Gr[ö]ßen, dem ehemaligen Voodoo-Priester Hect[or]

**Haiti. Links: der Präsidentenpalast in Port-a[u-]Prince. Unten: Postamt in Jacmel.
Rechts: Apotheke in Les Cayes; die »Tap-Ta[p«]genannten Autobusse; ein amüsantes Reklam[e]schild.**

Hyppolite, sagte André Breton: »Er ist im Besitz eines Geheimnisses, von dem wir alle nicht genug wissen.« Philomé Duffaut, Toussaint Auguste, die Brüder Obin, Bigand und Saint-Brice sind weitere Berühmtheiten.

Die Hauptstadt Port-au-Prince (800000 Einwohner) liegt zwischen zwei Hügeln. Der eine, Pétionville, ist mit Villen bebaut, den anderen bedecken verrottete Wellblechhütten bis zu dem im Tal liegenden Eisenmarkt, in dessen unzähligen Verkaufsständen handgearbeitete Gebrauchs- und Kunstgegenstände, oft aus primitivsten Materialien, angeboten werden. Die von Eiffel konstruierten Hallen waren für Indien bestimmt und sind durch ein Versehen hierher geraten. Im Nationalmuseum wird der Anker der Santa Maria aufbewahrt, das Musé d'Art Haitien und das Centre d'Art zeige eigenständige Kunst. Vor dem Palais Natio steht das Denkmal eines »Marrón Inconnu eines seine Ketten abschüttelnden Sklave Auch die Kathedrale St. Trinité ist mit naive Wandmalereien ausgeschmückt. Durch d Straßen bewegen sich klapprige Chamionettes Sammeltaxis – und die mit Sprüchen bemalte charakteristischen Tap-Tap, die Menschen un Tiere zusammen befördern.

Die zweitgrößte Stadt ist Cap Haitien m 40000 Einwohnern, 1670 von Piraten als Ca Français gegründet. Es war eine reiche Stad bis sie 1842 durch ein Erdbeben zerstört wurde Hier haben Philomé Obin und seine Famili eine Malschule für haitanische Künstler einge richtet. In der Nähe baute der schwarze Kön Henri Christophe über dem Dorfe Mil 1804–1817 die Zitadelle La Ferriere, das »acht Weltwunder«. Hinter 3 m dicken und 43 hohen Wällen sollten 20000 Soldaten Platz fi den. Die Steillage in 1000 m Höhe erforder 200000 Arbeitskräfte, von denen jede 10. g storben sein soll. Das Fort kam nie zum Einsat Der größenwahnsinnige Herrscher, der sic später selbst erschoß, ließ nach preußische Vorbild ein Lustschloß Sans-Souci errichter nach dem Erdbeben blieb nur eine Ruine.

In Jacmel stehen alte Häuser mit holzge schnitzten Vordächern. Der vulkansandig Congostrand und der silberweiße von Raymon les Bains sowie das Basin Bleu, in das sic mehrere Wasserfälle ergießen, machen es f Touristen attraktiv wie auch den Ort Les Cay vor einem tropischen Hintergrund.

An der Nordküste entdeckten Mitte des 1 Jahrhunderts die Bukaniere, eine Bruderscha von Hugenotten, katholischen Engländern un Abenteurern die schwer zu erreichende Ins Tortuga. Sie wurden Freibeuter und stellte später unter französischen Offizieren die Bas zur antillischen Macht Frankreichs.

Das hochgelegene Kenscoff, seltsamerweis an einem Tannenwald, bietet einen zwar b scheidenen, doch ausnehmend fröhliche Markt. Schwer erreichbar, doch wunderschö sind die Wasserfälle von Mirebelais.

Hausgetränk ist der tiefdunkle Barbancour rum, einer der besten Rums, und Saffia, eber falls ein Gebräu aus Zuckerrohr. Als deftig Spezialitäten bevorzugen die Haitaner Griot gedünstetes Schweinefleisch sowie das Reisge richt Diri ak djon mit Pilzen.

Der 1. Januar wird mit schwungvollen Rede auf die Freiheitshelden Pétion, Dessalines un Louverture als Unabhängigkeitstag gefeier natürlich auch der Karneval mit Mardi Gra Der temperamentvolle Merengue-Tanz un grausame Hahnenkämpfe gehören zu de Volksbelustigungen.

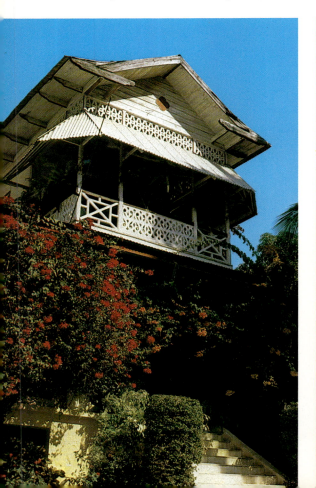

**Haiti. Links: Straße in Jacmel. Haus im f Haiti typischen »Gingerbread«-Stil. Die histor sche Lafferière-Zitadelle.
Rechts, zwei weitere Monumente: das Pala Sans-Souci bei Cap Haitien und die Überres der Forteresse du Roi Christophe.
Auf den folgenden Seiten: Kyona Beach.**

Dominikanische Republik

Zwei Drittel der Insel Hispaniola nimmt die Dominikanische Republik mit 48734 qkm und 5,4 Millionen Einwohnern ein. Die schwarze Bevölkerung ist hier im Gegensatz zum Nachbarstaat Haiti mit 12% in der Minderheit, 60% sind Mulatten, 28% Weiße. Spanisch ist mit verschiedenen Dialekten Amts- und Umgangssprache.

Diese erste spanische Kolonie in der Karibik wurde im 17. Jahrhundert, nachdem sie zu einem Piratenquartier geworden war, von den Franzosen besetzt, die sie Saint Domingue nannten. Schon 1801 konstituierte sich eine schwarze Republik unter Toussaint Louverture, sie wurde von Frankreich gestürzt. Den Unabhängigkeitswillen konnte dies jedoch nicht besiegen, und 1843 wurde unter Juan Pablo Duarte die Dominikanische Republik gegründet. Politisch ruhiger wurde es allerdings nicht. Bis 1930 gab es 56 Revolutionen und 43 verschiedene Präsidenten. Dann riß Raffael Trujillo, der sich »El Benefactor« = der Wohltäter nannte, mit Billigung der USA die Macht an sich. Unter seiner Diktatur herrschte der Terror, wenngleich er zweifellos erhebliche wirtschaftliche Verbesserungen durchführte. Ihm gehörten 35% des Landes, die 1961 nach seiner Ermordung auf offener Straße verstaatlicht wurden.

Im Gegensatz zu Haiti verfügt die Republik über ein sehr gutes Straßennetz. Durch moderne Bewässerungsanlagen ist der Anbau von Zuckerrohr, Bananen, Kaffee, Kakao, Tabak und sogar Reis sehr gewinnbringend, auch die Zucht der »Romana Reds« als Zugtiere und

Fleischlieferanten prosperiert. Bodenschätze wie Bauxit, Chromerz, Kupfer, Nickel, vereinzelt Gold und Silber sind weitere Exportartikel. Für die Touristik wird die Insel mit den langen Sandstränden und den Bergen bis über 3000 m (der Pico Duarte ist 3175 m, die Loma la Rualla 3029 m hoch) immer interessanter.

Die Hauptstadt Santo Domingo zählt 1,2 Millionen Einwohner und ist die älteste Stadt in der westlichen Hemisphäre. Bartolomé, der Bruder Christoph Kolumbus', legte sie 1496 als Nueva Isabel an. 1538 wurde die erste Universität Amerikas hier gegründet. 1521–1540 erstand die Kathedrale Santa Maria La Menor im Renaissancestil. Sie besitzt wertvolle Schätze wie einen gotischen Hochaltar und ein Glockenspiel von Cellini. 1877 entdeckte man in einem vermauerten Gewölbe das – vermeintliche – Grab von Christoph Kolumbus. Sein Sohn Diego residierte als Vizekönig im Alcazar de Colon. Fernere Sehenswürdigkeiten der Stadt sind das erste massive Krankenhaus Amerikas, San Nicolas, der Place de la Cultura mit Museen und

der Nationalbibliothek, der Zoologische Garten, der Park de lo Independencia und die Neptunstatue vor dem Hafen. Trotz vieler moderner Bauten ist der alte spanische Kolonialstil klar erkennbar.

Von der Hafenstadt Puerto Plata bis zur Halbinsel Samana ziehen sich makellose Strände, dahinter liegen die charakteristischen Bergkuppen der »Eierkartons«. Eine Seilbahn führt auf den 793 m hohen Pico de Isabel de Torres.

Santiago de los Caballeros ist mit 235 000 Einwohnern die zweitgrößte Stadt. Sie ist die eigentliche Heimat des hiesigen Rums Baron und des akrobatischen Merenguetanzes, der Ende Juli eine Woche lang in der ganzen Stadt getanzt wird. Der Park Duarte mitten in der Stadt ist in seiner Blütenpracht so sehenswert wie der Park Nacional del Este in der Kleinstadt Higuey und die Kathedrale Iglesia Mayor de Santo Apostol.

In Sosua betreiben einige aus Deutschland und Österreich 1940 emigrierte Juden eine blühende Landwirtschaft, und in Altos de Chavon, wo naturgetreu ein spanisches Dorf aus dem 17. Jahrhundert nachgebildet ist, entwickelte sich eine bemerkenswerte Künstlerkolonie.

Dominikanische Republik. In Santo Domingo: das Schloß Christoph Columbus', alte Häuser an der Plaza de España und die Kathedrale Santa Maria La Minor.

Puerto Rico

»Welch reicher Hafen« soll der spanische Konquistador Juan Ponce de Leon 1508 bei Gründung der ersten Siedlung auf dieser Antilleninsel gesagt haben – Insel- und Stadtnamen waren gleich, bis später die Stadt San Juan genannt wurde.

1493 war bereits Kolumbus kurz hier gelandet. Die Spanier behaupteten bis 1898 hier ihre Stellung, dann fiel Puerto Rico mit den Islas Mona, Culebra und Vieques nach dem spanisch-amerikanischen Krieg an die USA. 1917 wurden die Bewohner – 80% Hispanios, der Rest Mischlinge – amerikanische Staatsbürger, seit 1952 ist die Insel durch Volksentscheid autonomer amerikanischer Staat. Mit 3,4 Millionen Einwohnern auf 8897 qkm (es kommen 400 Menschen auf einen qkm) und starker Geburtenzuwachsrate ist es ein typisches Auswandererland geworden, obwohl das Prokopfeinkommen relativ gut ist. In New York leben mehr Puertoricaner als in der Hauptstadt San Juan mit 500000 Einwohnern. Hier zeigt sich der amerikanische way of life mit Hotelkonzernen, Restaurantketten und dichtem Verkehrsgewühl. Die billigen Stadtbusse (Guaguas) und die Sammeltaxis (Publicos) spielen neben amerikanischen Straßenkreuzern eine große Rolle.

Anders sieht es im Viejo San Juan aus, das 1949 gut restauriert zur historischen Zone erklärt wurde. Zwischen der Festung El Morro und dem Fort San Christobal stehen kräftigbunte Häuser im altspanischen Stil, finden sich die Kirche San José mit der Statue des Ponce de Leon davor sowie das dazugehörige Dominikanerkloster aus dem 16. Jahrhundert, das jetzt als Kulturzentrum dient. Die Kathedrale aus dem 16. Jahrhundert, das Museum mit altspanischen Möbeln in der Casa Blanca und der Palast Fortalezza ergänzen das pittoreske Bild. Das Wahrzeichen der Stadt ist El Morro, 45 m hoch gelegen, an dem sogar der berüchtigte Francis Drake scheiterte. Kolumbus hat eine Statue auf der Plaza Colon erhalten. Vom Kunstverständnis der Stadt zeugt neben den Museen das nach dem Cellisten Casals benannte jährliche Festival mit klassischer Musik. Die Santos, kleine Heiligenfiguren aus Holz, werden gern als Souvenir gekauft.

Ponce als zweitgrößte Stadt mit 150000 Einwohnern besitzt wie San Juan eine Universität. Es ist bekannt wegen seiner Kathedrale und eines grellroten Feuerwehrhauses einerseits andererseits wegen der Don-Q-Rum-Destillerie – Puertorico ist einer der größten Rumproduzenten in der Welt.

Wenn beim Urlaubsort La Parguera das Meer bewegt ist, beginnen in der Glitzerbucht Millionen aufgescheuchter Mikroorganismen zu phosphoreszieren. Areciba zeigt mit dem größten Radioteleskop der Welt einen gravierenden Gegensatz zu den indianischen Steingravierungen in dunklen Höhlen. Der Coqui, ein winziger Baumfrosch, hält sich mit Vorliebe im einzigartigen Nationalpark El Yunque auf. Dieses Maskottchen der Puertoricaner ist mit seinen hellen Tönen überall gegenwärtig, doch nur selten zu sehen.

Palmas de Mar, die New American Riviera ist eine eingezäunte Enklave von 400 Hektar und besitzt kilometerlange komfortabel ausgerüstete Strände; einsame gibt es auf den vorgelagerten Inseln. Durch das vorzügliche Straßennetz sind die Waldreservate des Indian Ceremonial Ball Parkes, das Massiv der Zentralkordilleren und die weiten Zuckerrohr- und Ananasplantagen schnell zu erreichen. Überall gibt es die erfrischende Pina-Colade aus weißem Bacardi-Rum aus Catano mit Kokosnußcreme und Ananas auf Eis.

16 Standbilder aus Barcelona umrahmen die Kolumbusstatue auf der Plaza Colon in der Universitätsstadt Mayaguez, die Sitz eines landwirtschaftlichen Forschungszentrums ist.

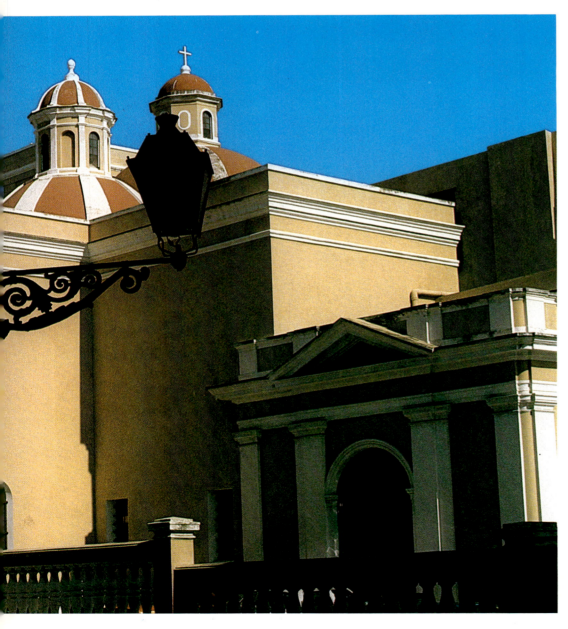

Puerto Rico. Küstenstreifen (oben). Die Kathedrale von San Juan (unten).
Rechts: Blick auf San Juan und sein altes spanisches Fort.

Die Britischen Jungferninseln

Um den Francis-Drake-Kanal gruppieren sich die wenigen Inseln und die zahlreichen Korallenriffe der British Virgins. 1493 war Kolumbus von ihrem Charme so angetan, daß er sie »Las Virgines« nannte, nach den 11000 Gespielinnen der Heiligen Ursula, die im 5. Jahrhundert in Köln den Märtyrertod der Entehrung durch die Hunnen vorzogen. Und unberührt sind sie Jahrzehnte hindurch geblieben; erst Ende des 17. Jahrhunderts setzten sich englische Siedler fest, und heute wird Tourismus bewußt kleingehalten. Außer Sport und Sonnenbaden ermuntern keine Attraktionen zum Besuch. Wer hierher kommt, darf Ursprünglichkeit erwarten.

Die 153 qkm Landfläche bedeckende Kronkolonie zwischen den Großen und Kleinen Antillen hat 12000 meist schwarze Einwohner. Die Hauptinseln Tortola, Beef Island, Peter Island, Virgin Gorda, Jost van Dyke und Anegada sind durch Fährboote und Lufttaxi miteinander verbunden. Obwohl die Inseln seit 1973 eine eigene Währung haben, ist die Bezahlung mit US-Dollar üblich. Man kann für 50 Dollar eine Briefkastenfirma gründen und darf – Achtung – für 100 Dollar heiraten, sofern man drei Tage vorherigen Aufenthaltes nachweist.

Alle Inseln sind vulkanischen Ursprungs bis auf das Korallenatoll Anegada, dessen höchste Erhebung achteinhalb Meter beträgt, so daß seine Umrisse nur aus der Vogelschau zu erkennen sind. Unsichtbare Unterwasserriffe wie das 15 km lange von Horse Shoe wurden vielen Schiffen zum Verhängnis. Die Anegadastraße war daher ein Kontrollpunkt der karibischen Freibeuterei. Hatte sich hier ein Segler zwischen den Wasserstraßen und Felsen verirrt, war er verloren. An den Felszacken hängen bis zu zweihundert Jahre alte Wracks. 1929 ging die »Rocas« mit einer Ladung Vieh unter; auf dem Grunde des klaren Wassers sind noch die Knochen zu sehen.

Die meisten Einwohner leben auf Tortola in der Hauptstadt Road Town, in deren Bilderbuchhafen mehr als zweihundert Boote mit und ohne Schiffer zur Verfügung stehen. Gut erhaltene Kolonialbauten säumen die Mainstreet, wo Souvenirs aus dunkelbraunen Korallen, Muschelschmuck und Holzschnitzereien feilgeboten werden.

Im Süden bedeckt Mangrovendickicht die Insel, im Norden erstrecken sich die feinen Sandbänke der Long Bay und Cane Garden Bay. Eine Fähre und die Queen Elizabeth Bridge führen nach Beef Island zum internationalen Flughafen. Auf Tortola erhebt sich mit 534 m der Mount Sage; seine Flanke überzieht dichter Regenwald.

Hohe, scheinbar willkürlich hingeworfene Granitblöcke charakterisieren Virgin Gorda. Pfade führen zu kleinen Badeseen, den »Baths«. Eine alte Kupfermühle erzählt von harter Sklavenarbeit. Um solche Landschaft ranken sich Sagen und Geschichten: Der Pirat Blackbeard, Edward Teach, soll einmal seine ganze Besatzung wegen Meuterei auf dem winzigen Korallenriff Dead Chest ausgesetzt haben.

Der abenteuerfrohe englische Erzähler Robert Louis Stevenson nahm das unbewohnte Norman Island als Vorlage für seinen 1883 erschienenen Roman »Die Schatzinsel«.

Hurrikane verschonen meistens das bei Seglern und Yachten außerordentlich beliebte Gebiet. Man feiert daher am 25. Juli die »Bitte an den Hurrikan« und am 17. Oktober den »Dank an den Hurrikan« neben einigen anderen folkloristischen Festen.

Saint Thomas; dieser schöne Vogel ist ein Papagei. Rechts: zweimal die Jungferninseln: Saint John (gegenüber) und Saint Thomas (unten).

Die US-Jungferninseln

Anders als ihre britischen Schwestern sind die amerikanischen Virgin Islands perfekt touristisch erschlossen. 102000 Einwohner (66% Schwarze und Mulatten, 34% Weiße auf 344 qkm) leben in dem assoziierten US-Territorium, wo neben amerikanisch das »Calypso-Englisch«, ein Mischmasch aus englisch, holländisch, spanisch, französisch, afrikanisch und dänisch gesprochen wird. Die drei großen Inseln St. Thomas, St. John und St. Croix wechselten ausnehmend häufig den Besitzer. Kolumbus requirierte sie für Spanien; Piraten, Engländer, Franzosen und Niederländer folgten, eine Zeitlang gehörten sie auch dem Malteserorden, bis sie 1733/1753 die dänische Krone erwarb. In der Zeit unter dem Danebrog entwickelte sich Wohlstand; die Rassenschranken fielen, es gab schwarze Offiziere in der königlichen Armee. 1917 während des ersten Weltkrieges kauften die USA für 25 Millionen Dollar die Inseln, um der deutschen Flotte die Durchfahrt zum Panamakanal zu sperren. Jetzt haben viele Amerikaner hier Zweitwohnungen, und St. Thomas wird gern mit St. Tropez verglichen. In den alten dänischen Lagerhäusern werden zollfreie Luxusartikel jeder Art angeboten. Die Insel zieht sich über drei Hügel, die herrliche Ausblicke über See und Land bieten. Auch die Magens Bay an der Atlantikseite der 475 m hohen Crown Mountains bezaubert durch palmengesäumte Strände. Viele Straßen bestehen fast nur aus malerischen Treppen. Im ehemaligen Fort Christian von 1671 befindet sich ein Museum indianischer Sammlungen, im Governmenthouse hängen Bilder des Impressionisten Camille Pissaro, der 1830 in dieser Stadt geboren ist. Der große Platz, auf dem einstens mit Sklaven gehandelt wurde, ist nun Umschlagplatz für Obst und Gemüse. Etwas außerhalb liegt das pittoreske Fischerdorf Frenchtown oder Cha-Cha-Town; ein prachtvolles Orchidarium zeigt mehr als 45000 bezaubernde Blüten. Interessante Einblicke in das Unterwasserleben gewährt der Turm von Coral World Virgin Island direkt auf dem Meeresboden. Auf St. Thomas gibt es über 35 Tauchschulen, und es ist ein Zentrum des Sportangelns speziell auf Schwertfische.

Die Garteninsel St. Croix ist die größte der Jungferninseln und nur per Flugboot zu erreichen. Der Hauptort Christiansted steht teilweise unter Denkmalschutz mit spitzgiebligen, rotgedeckten Häusern aus der dänischen Zeit. Eine alte Windmühle, aufgelassene Zuckerfabriken, die Behausung der Malteser und das Fort Christiansværn vervollständigen die Romantik. Auch Frederiksted ist hervorragend gepflegt und restauriert wie auch der Herrensitz La Grange. Von der herrlichen Butlerbay steigt dunkelgrüner Tropenwald an. Taucher können auf einem Unterwasser-Naturlehrpfad fast bis zur kleinen Naturschutzinsel Buck wandern.

St. John ist vorwiegend Fischer- und Bauerninsel. Der Millionär Laurence S. Rockefeller und die Jackson Hole Stiftung kauften sie zu drei Vierteln auf. Ihnen ist der gebirgige prachtvolle »Nationalpark der Jungferninseln« mit seinem Urwald zu verdanken, dem 3000 Hektar Küstengewässer angeschlossen sind.

Auf den US-Virgins werden neben den üblichen Feiertagen noch der 15. 1. = Geburtstag Martin Luther Kings – und der 31. 3. = Verkauf an die USA – festlich begangen.

Sint Maarten – Saint Martin

Die friedlichste Grenze der Welt verläuft seit 1648 durch diese damals gerade von den Spaniern verlassene 96 qkm große Insel; Kolumbus hatte sie 1493 am Martinstag entdeckt. Holländer und Franzosen entschieden an jenem 13. März unkonventionell, was jedem gehören sollte – einer sollte links, der andere rechts um die Insel gehen, am Treffpunkt sollte die Grenze gezogen werden. Ob es am Genever oder am Rotwein lag – der nördlich gelegene französische Anteil ist um ein Fünftel größer, die Holländer setzten sich mit ihren zwei Fünfteln im Süden fest.

In ihrem Bereich leben noch Nachkommen schwedischer Seefahrer; dies ergibt einen interessanten Kontrast zwischen blonden, hell- und dunkelhäutigen Einwohnern. Die ganze Insel ist zollfreies Handelsgebiet, daher gibt es auch keine Zollschranken.

Die Hauptstadt Philipsburg zeigt durchaus holländischen Charakter. Mit 7000 Einwohnern liegt sie auf einer flachen Strandinsel zwischen Groot Baai und der Salzlagune Great Salt Pond. Die Häuser stehen unmittelbar an dem feinsandigen Strand. Die einzige Hauptstraße gilt mit den Läden voller Fotoapparate, Filmkameras und -zubehör, Radios und Uhren, auch Alkohol als ein karibisches Hongkong.

Zwei kleine Kirchen, bunt angestrichene Häuser und ein stündliches Glockenspiel wie an den Amsterdamer Grachten betonen das typisch Niederländische, ebenso wie die Reinlichkeit und eine gewisse Behäbigkeit. Das alte Fort Hill, die moderne Prinz-Bernhard-Brücke und der Juliana Airport unterbrechen das geruhsame Stadtbild.

Die französische Hauptstadt Marigot zeigt sich bei weitem nicht so handelstüchtig. Hier herrscht das laissez faire einer französischen Kleinstadt vor. Man flaniert vorbei an Straßencafés und genießt das vorzügliche Essen berühmter Lokale.

Saba, auch niederländisch, ist wohl die einzige Karibikinsel ohne Strand. Sie besteht aus einem gewaltigen vulkanischen Felsen, dem Mount Scenery (887 m), an dem sich erst seit 1933 eine ausgebaute Straße in gewagten Serpentinen zu den Kleinstsiedlungen am Kraterbecken emporzieht.

Zum Hafen der Hauptstadt The Bottom führen 524 Stufen zwischen holländischen Giebelhäusern mit blühenden Blumen vor den Fenstern. Die Insel hat sieben Kirchen, doch keinen Friedhof; die toten Angehörigen liegen unter schlichten Kreuzen in den Hausgärten. Eine Spezialität auf Saba ist eine kleine, doch äußerst kostbare Spitzenherstellung. Die Bevölkerung ist zu je 50% weiß und schwarz.

Noch ruhiger ist es auf St. Eustatius, das bis 1816 karibisch Statia hieß, der »Goldene Felsen«.

Bis Ende des 18. Jahrhunderts galt die Hauptstadt Oranjestad als Handelszentrum der Kleinen Antillen. Zur Zeit des amerikanischen Unabhängigkeitskrieges war sie der Stützpunkt der Blockadebrecher und erkannte bereits 1776 den neuen freien Staat an. Der englische Admiral Rodney rächte sich 1781 durch Plünderung und Zerstörung, wovon sich die Insel nie wieder erholte. Nur ein paar von Lianen überwucherte Ziegelmauern erinnern an die kilometerlangen Lagerhäuser; und um das verfallende Fort stehen verlassen einige alte Kanonen.

Wer den Massentourismus scheut, findet hier die gewünschte Einsamkeit.

Saint-Martin. Oben: ein einzigartiger Küstenstreifen.
Rechts: der Justizpalast von Philipsburg. Haus am Strand.

St. Barthélemy

Die »weiße« Insel im dunkelhäutigen Westindien nimmt, was die Bevölkerung anbelangt, eine Sonderstellung ein. Da sich der Boden nicht zum Anbau von Zuckerrohr eignete, gab es keine Plantagen, so daß die französischen Siedler folglich nicht am Sklavenhandel interessiert waren und unter sich blieben. Die ersten kamen 1648 aus dem nördlichen Frankreich, wurden jedoch fast alle von den Kariben getötet. Die zweite Gruppe, Fischer aus der Normandie und der Bretagne, folgte 1658 und vermehrte sich schnell. Ihrer Sprache und ihren Sitten blieben sie bis heute treu. Die älteren Frauen tragen noch die weiten Röcke und die weißen steifgestärkten Hauben, die normannischen Quichenottes. Unter den blonden, blauäugigen 3000 Einwohnern herrscht eine starke Familienähnlichkeit, es gibt wenige Familiennamen – irgendwie ist jeder mit jedem verwandt. Als 1784 Ludwig XVI. die Insel den

Saint-Barthélémy. Alte Frau in traditioneller Tracht. Kleine Straße im Hauptort und eine Ansicht derselben. Unten: im Norden der Insel.

Schweden zur Verfügung stellte, um Hafen- und Handelsrechte in Göteborg zu erhalten, wurde auf den durch Erbteilung zerstückelten Feldern gerade so viel angebaut, wie zum Leben notwendig war. Bis zum Wiener Kongreß versuchten die neuen Herrren recht bedenkenlos, den Freihandel zu beleben. 1884 war man dann froh, St. Barthélemy für eine ansehnliche Summe an Frankreich zurückgeben zu können.

Der Name des Hauptortes Gustavia stammt aus schwedischer Zeit, zuvor hieß er Port du Carénage. Häuser mit roten Dächern gruppieren sich unter Kokospalmen um ein viereckiges Hafenbecken; außer zwei Kirchen und drei verfallenen Forts gibt es keine Sehenswürdigkeiten, dafür Boutiquen und Straßencafés nach französischer Art. Und die französische Küche zeigt bei den vielartigen Meeresfrüchten mit leicht karibischem Einschlag einmal mehr ihre hohe Kunst.

Die Landschaft ist anmutig hügelig. Rotkehlchen und Goldfinken flattern neben Kolibris zwischen exotischen Blüten und Kakteen; ab und zu sind auch Leguane zu sehen. Es gibt 22 herrliche Sandstrände, bekannt sind Les Flamands, La Lézarde, Gouverneur und Grande Saline. Einmalig ist die von Kliffen umschlossene braunsandige Bucht von Colombier. Die unbewohnten kleinen Inseln Chevreau, Frégate und Toc Vers liegen dem Korallensandstrand von St. Jean gegenüber. Orient und Corossol sind zwei weitere größere Ortschaften; hier kann man kunstvoll aus Palmenblätter geflochtene Körbe, Schachteln und Deckchen kaufen. Der 200 m hohe Hausberg Morne Lurin gewährt herrliche Rundblicke.

St. Barth, wie die nach dem Kolumbusbruder Bartholomé genannte Insel unter Freunden heißt – zu den Bewohnern sagt man »die Barths« – gehört zum Departement Guadeloupe und ist in den Kreisen der internationalen Prominenz äußerst beliebt geworden. Namen wie Rothschild, Ford und Rockefeller sind mit Luxusvillen hier vertreten.

Ende August wird drei Tage lang ein spezielles Inselfest gefeiert, daneben auch ein wenig Carnival; besonders national wird am 14. Juli des Sturmes auf die Bastille gedacht.

St. Kitts/Nevis – Anguilla

Bei seiner zweiten Entdeckungsreise 1493 entzückte Kolumbus eine Insel so, daß er ihr den Namen seines Schutzpatrons St. Christoph gab, eine andere nannte er nach dem scheinbaren Schneegipfel Las Nieves. Die Engländer vereinfachten später die Namen in St. Kitts und Nevis. Diese nur durch eine 3 km breite Wasserrinne voneinander getrennten Eilande sind seit 1967 ein unabhängiger Staat im britischen Commonwealth.

St. Kitts ist mit 169 qkm Fläche und 37000 Einwohnern die größere. Zuckerrohr- und Baumwollplantagen, lange Palmenalleen bestimmen ihr Bild. Die Bevölkerung ist zu 97% schwarz, zu 2% weiß, 1% stellen Inder.

St. Kitts gilt als erste britische Kolonie in Westindien, nachdem 1623 der Ire Thomas Warner mit einigen Gefolgsleuten bei Old Road Town an Land gegangen war. Bald folgten Franzosen, und gemeinsam wurden die Kariben ausgerottet – ein Denkmal am Bloody Point erinnert an dieses Gemetzel. Danach lieferte man sich untereinander heftige Scharmützel. St. Kitts besitzt daher mit der Zitadelle Brimstone Hill die größte Befestigungsanlage im karibischen Raum. Der weite Überblick gestattete die Kontrolle von Montserrat bis St. Martin. Weitere 27 Forts liegen auf der Insel, zumeist um den vulkanischen Mount Misery (1156 m).

Die Hauptstadt Basseterre zeigt denn auch vorwiegend historische Stätten neben reizenden Plätzen wie Pall Mall Square und The Circle. Der braune gußeiserne Uhrturm darauf ist wirkungsvoll von Hibiskus und Bougainvillas umrahmt. In der St. Thomaskirche befindet sich Warners Grab. Vor Jahrzehnten galt es als schick, in den Thermalquellen des Badehauses in Charlestown auf Nevis zu kuren. Auch heute ist der Tourismus eine wichtige Einnahmequelle. Die 93 qkm große Insel besteht fast nur aus einem aus dem Meer aufragenden kreisrunden Berg, dem Nevis Peak, dessen weißen Gipfeldunst Kolumbus damals für Schnee hielt.

Die bekanntesten von Korallenriffen geschützten Strände sind Nisbet Plantation und Pinney's Beach. In der St. John's Church F Tree Village wird die Heiratsurkunde von Lo dadmiral Horatio Nelson mit der Pflanzerstoc ter Frances Nisbet aufbewahrt. Eine Bronzepl kette erinnert an den auf Nevis geborene Alexander Hamilton, einen der Gründer d USA, dessen Ehefrau Emma später die u sterbliche Geliebte Nelsons wurde. Kulina sche Genüsse der Insel sind Hummer un Schildkrötensteaks.

Wie ein Aal schlängelt sich die Nachbarins Anguilla (spanisch für Aal nach Kolumbu durch türkisfarbenes Gewässer mit wunderb ren Palmenstränden. Für Robinsons sind klei unbewohnte Inselchen wie Sombrero, Scr und Sandy Island vorgelagert.

Unten: Plantage auf Nevis. Rechts: die palme gesäumte Küste von Nevis und ein ursprü licher Strand auf Anguilla. Auf den folgende Seiten: Clark's Estate und Nevis Peak. Roa Bay auf Anguilla.

1967 trennte sich Anguilla von der es bis dahin bevormundenden Inselgemeinschaft St. Kitts/Nevis und erklärte seine Unabhängigkeit von der englischen Krone. Der energische Pastor und Kolonialwarenhändler Ronald Webster widerstand dem beabsichtigten militärischen Einsatz Englands mit drei Fregatten und den Roten Teufeln der Fallschirmjäger; es verlief unblutig. Geblieben ist Anguilla als »British Dependency« seit 1982 eine Nationalflagge mit drei lustigen Delphinen, ein endlich ausgebautes Straßennetz und wunderschöne begehrte Briefmarken. The Valley ist der Hauptort; die dunkelhäutigen Bewohner sind Fischer, Gärtner und Baumwollbauern und feiern am 10. Februar stolz ihren Independence Day.

Antigua und Barbuda

Karibisches »Gut Ding will gut Weile haben« und britische Zurückhaltung prägen das Leben auf dem kleinen unabhängigen Inselstaat im Commonwealth. Antigua ist die größte von drei Inseln mit 280 qkm, ihr folgt Barbuda mit 160 qkm, schließlich das winzige unbewohnte Redonda mit 2 qkm. Den Namen erhielt die erstere nach der Lieblingskirche Santa Maria la Antigua in Sevilla durch Kolumbus.

An die dunklen Zeiten Antiguas erinnern auf Kai anzulegen im Gegensatz zu English Harbour auf der gegenüberliegenden Seite.

Der berühmteste Kommandant des schwer einsehbaren Marinestützpunktes war Admiral Nelson, der 1784 das uneinnehmbare Fort Nelson's Dockyard erbauen ließ. Die NASA hat seit 1940 einen Stützpunkt auf der Insel.

Das völlig flache Barbuda wurde 1685 für »die jährliche Abgabe eines fetten Hammels auf Verlangen« von König Karl II. den Brüdern

Greencastle Hill indianische Megalithen und die 1834 gegründete erste Siedlung der freigelassenen Sklaven, Liberta. Heute sind 94% der Bevölkerung schwarz und vorwiegend protestantisch.

Antigua ist mehr und mehr zu einer beliebten Badeinsel geworden; ihr Coolidge Airport ist einer der belebtesten in der Karibik. Komfortable Hotels, Gelegenheiten für alle Hochsee- und Landsportarten, das Spielcasino Castle Harbour locken nicht nur die Touristen aus den USA. Die Hotels liegen an malerischen Stellen der 365! Strände.

Zwischen den Bergen im Süden und den Korallenküsten im Norden erstrecken sich Baumwoll- und Zuckerrohrplantagen und die leicht verwahrlosten Hütten der Arbeiter. Der Fig Tree Drive führt durch wechselnde Landschaft – »fig« heißt hier nicht Feige, sondern bedeutet Banane.

Alte Steinzuckermühlen sind bei Falmouth zu finden; ein Töpferzentrum hat sich in Seaview Farms niedergelassen. Auch der Nationalpark Indian Town und besonders »Devil's Bridge«, eine vom Atlantik geschaffene Naturbrücke, gehören zu den Sehenswürdigkeiten.

St. John's ist mit 22000 Einwohnern die Hauptstadt. Ihre Kathedrale wurde 1683 errichtet. Sehr bewegt geht es samstags auf dem bunten Bauernmarkt zu. Das tiefe Hafenbecken ermöglicht es großen Schiffen, direkt am Codrington übergeben. Diese beschäftigten sich nicht nur mit Viehzucht, sondern mit der »Aufzucht von Sklaven«. 1834 mußten die Freigelassenen als schlechtbezahlte Arbeiter in die Dienste der Codringtons treten, da sie außerhalb ihres Arbeitsortes nichts anbauen, nichts fischen und nichts jagen durften. Der Gegensatz zwischen armer Bevölkerung und wohlhabenden Touristen ist auf Barbuda noch heute besonders groß.

Tausende schwarzer Fregattvögel mit riesig aufgeblähtem roten Hals nisten in den Lagunen. Ihre Liebestänze und das gemeinsame Auffliegen sind einmalig beeindruckend.

Der in der Karibik obligate Rum heißt hier Cavalier und wird noch mehr als sonst im Januar bei der Tenniswoche, im April bei der Segelwoche und im Sommerkarneval zu Calypso- und Steelbandklängen konsumiert.

Antigua. Oben: im Nelson-Dock des englischen Hafens. Rechts oben: Gesamtansicht des Hafens; unten: alte Bauruinen und ein volkstümliches Orchester – eine »Steelband« – mitten im englischen Hafen.

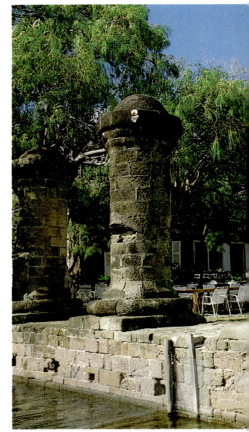

Der Karneval, überschäumender Höhepunkt aller karibischen Feste, zieht mit farbenprächtigen Kostümen, wilden Tanzrhythmen und aufwendigen Festwagen durch die Straßen. Oben: auf Kuba; unten: auf Trinidad; rechts: auf den Bahamas (o.) und auf Martinique (u.)

Montserrat

Diese Insel unter dem Winde ist freiwillig britische Kronkolonie geblieben. Auf 102 qkm leben 13000 vorwiegend schwarze Einwohner, unter denen zuweilen ein flammend roter Haarschopf aufleuchtet. Das ist das irische Erbe der 1632 in Carr's Bay an Land gegangenen irischen Siedler, deren einer wiederum Thomas Warner war. Auch die Umgangssprache hat typisch irischen Klang. Irische Namen sind an der Tagesordnung; der St. Patrick's Day ist Staatsfeiertag mit Cricket-Wettkämpfen, Calypso und Reggae-Musik; besonders festlich geht es da in dem überm Meer gelegenen Dorfe St. Patrick zu.

Nach der irischen Besetzung war die Insel Streitobjekt zwischen Niederländern, Franzosen und Engländern, die schließlich die Oberhand behielten: französisch ist die zweite Hauptsprache geblieben. Die zerklüfteten Berge erinnerten Kolumbus beim Vorüberfahren an die Gebirgskette gleichen Namens mit dem Klosterberg in Spanien.

Wegen des vielen Grüns wird Montserrat von seinen Bewohnern Smaragdinsel genannt. Es duldet freundlich einen gemäßigten Tourismus. Häufiger leben hier Pensionäre aus England und den USA, die in oft komfortablen Villen ihren Lebensabend genießen. Zwischen Kokospalmen und der tropischen Blütenpracht läßt es sich gut leben.

Im üppigen Regenwald hausen die scheuen farbigen Echsen, die Iguanas, auch die Erdfrösche sind hier heimisch, die Mountains Chikkens, deren kräftige Schenkel eine lukullische Inselspezialität sind. Baumfarne, Bambus und Mahagonibäume ziehen sich bis zum Fuße des Vulkankraters Galway's Soufrière, der nicht nur einen durchdringenden Schwefelgeruch ausströmt, man kann auch mitgebrachte Eier in seinem Kraterloch kochen. Die Steine am Abhang schimmern von rot-gelb bis zum zartesten grau-rosé. Unter dem 25 m hohen Great-Alps-Wasserfall hat sich ein kleiner Teich gebildet.

Eine unbeschreiblich schöne Aussicht bietet der Gipfel des fast 1000 m hohen Chance Peak. Vielleicht halten auch die schwarzen Sandstrände ein wenig die Touristen ab, nur nördlich um die Rendezvous Bay gibt es hellgelben Sand. Dort tummeln sich im azurnen Wasser viele Arten bunter Fische. Weiße Reiher, die Cattle Egrets, halten sich am Ufer und am Rande der Wälder auf.

Zur Sklavenzeit war Montserrat wegen seines Schiffsbaus berühmt. Von der Plantagenwirtschaft blieben über die ganze Insel verstreut Kegel alter Zuckermühlen übrig, eine sehr romantische ist die ganz von Urwaldgewächsen umsponnene Galway's Estate. Später wurde mehr Baumwolle angepflanzt, heute kommen Gemüse- und Obstbau hinzu, auch ein wenig Rinderzucht.

Plymouth ist die Hauptstadt mit ausgeprägtem britischen Flair. Ihre älteste Kirche ist ebenfalls St. Patrick geweiht. Sie besitzt außerdem einen kleinen Hafen, ein hübsches House of Parliament and Court und samstags einen fröhlichen Markt, wenn man auch allgemein auf teure Importe angewiesen ist.

Zur Oase der Ruhe paßt nicht ganz ein supermodernes Tonstudio mit raffinierter Elektronik, das bekannte Rocksänger aufsuchen. Und nicht vergessen sollte man den überall duftenden Rum-Punch!

Auf Montserrat. Das Netz wird gehoben (oben). Natur im Herzen der Insel (unten). Rechts: Abendlicht vor einem Palmenstrand.

Guadeloupe

Die Doppelinsel gleicht aus der Luftperspektive zwei ausgebreiteten Schmetterlingsflügeln; Basse-Terre und Grande-Terre sind nur durch die enge von der La Gabame-Brücke überspannten Meerenge der Rivière Salée voneinander getrennt. Sie unterscheiden sich jedoch grundlegend: Basse-Terre besitzt wenig flaches Land und ist teilweise vulkanisch; Grande-Terre besteht aus Kalkstein mit Palmenstränden an der Küste. Zuckerrohr wächst auf beiden.

Seit 1946 ist Guadeloupe französisches Übersee-Departement, und obwohl es über 7000 km von Paris entfernt ist, schlägt überall die französische Lebensart durch, nicht zuletzt bei den Preisen. Die französischen Antillen gehören zu den teuersten Stätten in der Karibik. Auf den 1780 qkm der Insel leben 335000 Einwohner: 65% Mulatten, 28% Schwarze, 7% Weiße – man spricht Französisch und Patois.

Kolumbus entdeckte sie 1493 und benannte sie nach einer Wallfahrtsstätte; in Sainte Marie, wo er wahrscheinlich an Land ging, steht eine Büste von ihm. Bei den Arawaks hieß sie zu Recht Karukera = Insel der schönen Wasser. Flüsse und Wasserfälle begünstigen ein überaus üppiges Wachstum; man sagt, daß sogar die Telegrafenmasten Blätter treiben.

Die Inselgeschichte ist bewegt. Nach Vertreibung der Indianer führten französische Siedler ab 1635 Sklaven ein. Es kam zu langjährigen Streitigkeiten mit England, bis 1763 Guadeloupe offiziell gegen die französischen Besitzungen in Kanada eingetauscht wurde. Die Französische Revolution bewirkte die Gleichberechtigung der Mulatten, woraufhin die Plantagenbesitzer sich für autonom erklärten und englische Truppen zu Hilfe riefen. Bei den schweren Auseinandersetzungen unterstützte der Jakobiner Victor Hugués die Farbigen mit Truppen und einer Guillotine, verjagte die Engländer und richtete unter den Royalisten ein fürchterliches Blutbad an. 1802 wurde unter Napoleon die Sklaverei wieder eingeführt.

Der Franzose Victor Schoelcher machte es seiner Lebensaufgabe, hier die Menschenrechte zu vertreten, erst 1848 hatte er damit Erfolg. Mit Denkmälern und dem Schoelcher-Tag am 21. Juli gedenken die Insulaner seiner. Danach holten die Pflanzer billige Arbeitskräfte aus Indien, die heute in Changy ihren Hauptwohnsitz mit einem bemerkenswerten Hindutempel haben.

Auf Basse-Terre liegt die gleichnamige Hauptstadt des Departements (17000 Einwohner), ein wenig zurückgeblieben und von Pointe-à-Pitre längst überholt. Das wuchtige Fort St. Charles von 1645 blickt auf die altmodische

Guadeloupe. Der Gipfel der Soufrière und der Abhang des Carbet, mitten im Forêt Vierge (Jungfrauenwald).
Oben: Verbindungsstraße.
Rechts: die Pointe des Châteaux.

Bananendampfer im Hafen, an dem auch das Rathaus und die Capitainerie stehen. Lebhaft geht es auf dem Marché Central zu. Die Kathedrale aus dem 18. Jahrhundert und die Kirche Notre-Dame-du-Mont-Carmel sind neben den alten Gebäuden des Regierungsviertels recht interessant.

Beherrscht wird Basse-Terre von der Schwefeldämpfe ausstoßenden 1467 m hohen Soufrière, deren wilde Schönheit oft von Wolken verhüllt ist. Am südlichen Abhang entspringt der kochendheiße Quell des Carbets, der in seinem Lauf zu den Chutes du Carbet in drei 115 m hohen Kaskaden abfällt. Unten liegt der verträumte Grand-Etang, wo die Stille nur durch Vogelstimmen unterbrochen wird. Die herrliche hundert Jahre alte Allee Dumanoir zieht sich von Capesterre-Belle-Eau bis Sainte Marie hinauf. Im Parc Archéologique bei den Trois Rivières geben die Felszeichnungen der Arawaks noch immer Rätsel auf. Wie in alten Zeiten waschen hier die Frauen in den Flüssen ihre Wäsche noch mit der Hand.

Die wahrscheinlich älteste Kirche der Insel steht in Vieux Habitants. Dort siedelten sich die ersten freien Siedler, nachdem sie drei Jahr lang Frondienste bei der Compagnie des Isles verrichtet hatten, neben der reizenden Anse à la Barque an. Bei Vernon am Parc Tropic de Bras David entzücken die Wasserfälle Saint de la Lézarde und Cascade aux Ecrivisses.

Ein aufschlußreicher Forstlehrpfad führt durch den Bergwald des Parkes. Jenseits der berühmten Route de la Traversée liegt auf 250 qkm der Parc Naturel, wo zwischen den Wollbäumen und Lianen manchmal das Maskengesicht eines Waschbären hervorlugt. Überwältigende Panoramablicke bieten die Mornes à Louis und die Deux Mamelles. Prominenz wie Brigitte Bardot und Jacques Cousteau bevorzugt den kleinen Fischerort Pigeon.

Die schönsten Strände von Grande-Terre sind bei Gosier, Caravelle, St. François und St. Anne zu finden, ebenfalls die großen Hotels. Das Wirtschaftszentrum von Guadeloupe ist Point-à-Pitre (30000 Einwohner), eine moderne Stadt mit liebenswerten nostalgischen Akzenten. Namenspatron der Stadt soll ein holländischer Fischer gewesen sein, der an der Hafenecke einen Fischstand hatte. Die Place de la Victoire mit der Markthalle ist Treffpunkt des typischen Festes der Köchinnen am 10. August. In folkloristischer Kleidung bieten die Damen selbsthergestellte Speisen und den beliebten ti-Punch, eine Melange aus Zuckerrohrsirup, Limonensaft und Rum, an.

Die Basilika St. Pierre und St. Paul besteht fast ganz aus Eisen; sie wurde in diesem Jahrhundert dreimal durch Hurrikane beschädigt (der schwerste, »David«, vernichtete 1979 90% der Pflanzungen, und es gab 4000 Tote). Das Musée Schoelcher und das moderne Centre de la Culture et de l'Art Populaire besitzen erstklassige Sammlungen.

Die ehemalige Hauptstadt Le Moule zeigt neben einem alten Fort und im Hafenbecken verrottende Sperranker ein Arawakdorf. – Die

Guadeloupe. Oben: Luftansicht von Pointe-à-Pitre. Gegenüber: eigenwilliger Friedhof. Rechts: Docks im Hafen von Pointe-à-Pitre. Auf den folgenden Seiten: alter Balkon im Hauptort der Insel.

lantikküste ist stark zerklüftet, bei der Porte Enfer, dem Höllentor, brachen die Wellen oße Lücken aus dem Kalkstein. Vom nördhsten Punkt der Insel, Pointe de la Grande gie, geht die Sicht kilometerweit. Nachkommen der vor der Revolution geflohenen Adligen, die Blanc-Matignons, wohnen in strenger Abgeschlossenheit und großer Armut in den Hügeln der Grands Fonds.

Pro Jahr zählt Guadeloupe 200 000 Feriengäste, die nicht nur seine Schönheit genießen, sondern die ausgelassenen Feste der Beguine – Cole Porter machte den Straßentanz international bekannt – und des Vavals (Karneval) mitfeiern.

uadeloupe. Links: Stattliches Haus im typi- Oben: der Strand von Gosier, an dem Urlauber (unten) der von Palmen beschattete Badestrand
hen Kolonialstil in Grande-Terre. überall ein schattiges Plätzchen finden, sowie eines Hotels bei Pointe-à-Pitre.

Dominica – Marie Galante/ Les Saintes/La Désirade

Kolumbus entdeckte die kleine Republik zwischen den französischen Antillen 1493 an einem Sonntag, daher Dominica. Die 85000 Bewohner der 752 qkm sprechen Englisch und kreolisches Patois.

Kaum eine andere Insel widersetzte sich so stark der Kolonialisierung; Waitukubuli = Land der vielen Schlachten nennen es daher auch die Nachkommen der indianischen Kariben. Die letzten von ihnen, einige Hundert, leben in einem 1800 Hektar großen Reservat. Sie achten sehr darauf, ihre Rasse zu bewahren, und Heiraten mit Nichtkariben führen zur Ausschließung aus der Gemeinschaft.

Dominica ist nur an den Küsten besiedelt, das Innere überzieht ein dichter Regenwald. Wasserfälle wie die zwei Trafalgar Falls und heiße Quellen wie die Sulphur Springs legen feuchte Schleier über Gummibäume, Riesenfarne und Orchideen. Vornehmlich werden Bananen exportiert, der Tourismus ist erst schwach entwickelt.

Lediglich Fußpfade führen durch den Trois Pitons National Park unter 30 m hohen Bäumen zum Emerald Pool und durch das gespenstische Desolation Valley zum Boiling Lake, der in regelmäßigen Abständen »aufkocht« – im Gegensatz dazu steht der lichte Fresh Water Lake. Urwaldfarben, Urwaldgeräusche und Urwalddüfte bilden am Aussichtsturm Scott's Head einen harmonischen Akkord. Der nördlich gelegene Morne Diablotins (1447 m) ist weitgehend unerforscht. Zu den bunten Häusern, einigen Kirchen und dem Fort Young der Hauptstadt Roseau (12000 Einwohner) gesellt sich als weitere Sehenswürdigkeit der herrliche botanische Garten.

Les Saintes

Der Entdeckungstag Allerheiligen gab dem kleinen Archipel seinen Namen. Hier fand 1792 die größte Seeschlacht in der Karibik zwischen Franzosen und Engländern statt. Heute gehört er wie Marie-Galante und La Désirade zum Überseedepartement Guadeloupe. Die Bewohner sind zum Teil Nachkommen normannischer und bretonischer Seeleute.

Terre-de-Haut ist die Hauptinsel. Pittoresk wirkt der Friedhof: die Gräber liegen im Sand und sind mit rosa Muscheln eingefaßt, ein schwarzes Kreuz trägt den Namen. Terre-de-Bas und Ilet à Cabrit sind zwei weitere bewohnte Inseln.

Oben: Schloß Murat auf Marie-Galante. Unten: Hütte in einem Schutzgebiet auf Dominica. Rechts: Ansicht der Insel Dominica und Zuckerrohrplantage auf Marie-Galante.

Auf Marie-Galante dominiert das Zuckerrohr. Außerdem soll es hier einen besonders guten Rum geben, zu dem man gern stark gepfefferte Blutwurst oder »Bébéle«, ein scharfgewürztes Gemisch aus Speck, Kaldaunen, Mehl und Früchten ißt. Die blendend weißen Strände sind überwältigend. Beeindruckend wirken La Gueule-de-Gouffre, eine Felsenschlucht auf der Atlantikseite, und die Tropfsteinhöhle Trou-à-Diable mit einem unterirdischen See. In der Hauptstadt Grand-Bourg wohnen 10000 der insgesamt 16000 Einwohner von »Maria Graciosa« – so hieß ein Flaggschiff des Kolumbus. Überraschend in dieser Umgebung wirkt das Renaissanceschlößchen Murat.

Die 1800 Einwohner der »ersehnten Insel« La Désirade leben auf einem nackten Kalkfelsen, wo nur am Ufer ein schmaler Sandstrand entlang läuft. Goldhasen, die Agutis, und Leguane schätzen den trockenen Boden. Grande-Anse ist eine bescheidene »Hauptstadt«. Bis 1954 war La Désirade zweihundert Jahre lang Zwangsaufenthalt für Leprakranke.

**Oben, gegenüber und rechts: Küstenstreifen, Straße, Landschaft auf Les Saintes.
Unten: Dorf auf La Désirade.**

Martinique

Als Kolumbus 1502 in Le Carbet an Land ging, schrieb er: »Dies ist das Allerschönste!« Der gleichen Meinung war später der Maler Gauguin, der hier und in seinem Wohnort Tartane seine karibischen Impressionen malte. Bis 1635 blieben die Kariben verhältnismäßig unbehelligt, dann ließ sich der Franzose Belain d'Esnambuc mit einer Schar Abenteurer hier nieder. Nach jahrzehntelangen Kämpfen mit den Engländern wurde auch Martinique 1763 wie Guadeloupe gegen die französischen Besitzungen in Kanda eingetauscht. Seit 1946 ist es, nicht zuletzt auf Betreiben des Bürgermeisters von Fort-de-France, des Philosophen und Dichters Aimé Césaire, ein reguläres Département outre-mer. Es ist wohl die französischste aller Übersee-Besitzungen.

Im 18. Jahrhundert lebten 16000 Europäer und 60000 Sklaven auf der Insel. Die Französische Revolution machte diesem Zustand ein Ende, so daß sich die verärgerten Pflanzer freiwillig unter englische Herrschaft stellten. 1802 führte Napoleon jedoch die Sklaverei wieder ein. Der bewunderungswürdige Minister Victor Schoelcher sah sein Lebensziel in der Sklavenbefreiung, die nach fünfzehn Jahren 1848 mit einem großen Aufstand in St. Pierre erfolgte. So wird ihm zu Ehren alljährlich am 21. Juli ein großes Fest gefeiert.

92% der 350000 Einwohner auf den 1100 qkm der Insel sind Schwarze und Mulatten, 4% Weiße und 4% Asiaten. Das Zuckerrohr dient heute vorwiegend zur Destillierung eines vorzüglichen Rums, der als alter Bally oder Clément weltbekannt ist. Der Anbau von Ananas, Bananen und Avocados dominiert. Der scheinbare Wohlstand der Martiniquais bei 40% Arbeitslosigkeit und teurem Import muß von Paris kräftig subventioniert werden. Die weiße wirtschaftliche Führungsschicht der Béké-Familien sitzt seit der Zeit Ludwigs XIV. noch immer fest im Sattel.

Die von den Indianern Madinina = Blumeninsel, vielleicht auch von Kolumbus Martinino = Land der Frauen genannte Insel ist ein tropischer Garten voller Blüten – und sehr schöner Frauen! Passatwinde mildern die Hitze zu einem sehr angenehmen Klima. Neben französischer Lebensart stehen die antillanischen Feste. Der Höhepunkt des Vavals (Karneval) ist am Aschermittwoch, wenn die schwarzweißen Teufel, die Diablesses, aufziehen. Volksbelustigungen grausamer Art sind die hierorts geschätzten Hahnenkämpfe sowie Kämpfe zwischen der einheimischen giftigen Lanzenschlange und einem Mungo.

Um die Zitadelle Saint-Louis entwickelte sich auf trockengelegtem Sumpfland die jetzige Hauptstadt Fort-de-France; ihrer Bürger nennen sich Foyalais nach dem alten Namen Fort-Royal. Sie liegt mit 120000 Einwohnern in einer einmalig schönen Hafenbucht vor den drei Bergspitzen des Pitons du Carbet. Fähren führen zum gegenüberliegenden Pointe du Bout, von wo aus die herrlichen Strände Anse à l'Ane, Les Anses d'Arlets bis zu denen von St. Luce und St. Anne zu erreichen sind. Mittelpunkt der liebenswerten Stadt mit den malerischen Balkons an den Häusern ist der Park und der Platz La Savane. Am Rande des Parkes befindet sich das dreistöckige Musée Départemental. Neben vielen prähistorischen Funden sind Erinnerungsstücke an Napoleon und Josephine zu betrachten. Von außergewöhnlicher Bauart ist die Bibliothek Schoelcher. Sie war für die Weltausstellung 1889 in Paris gebaut, wurde dort abgebrochen und hier wieder aufgestellt. Ebenso eigenartig wirkt die 1895 erbaute, an-

Auf Martinique. Gegenüber: Heimkehr vom Fischfang. Unten: die Mitan-Bucht. Rechts: die Bucht von Arlet.